JN239628

今日から モノ知り シリーズ

トコトンやさしい

建築材料の本

私たちが住んでいる住宅、ビルなど、全ての建築物に欠かせないものが建築材料です。用途によって様々な種類のものを使い分ける建築材料は、私たちの生活を支えています。本書では、代表的な材料から注目の機能性材料まで幅広く解説します。

大垣 賀津雄
大塚 秀三 著

B&Tブックス
日刊工業新聞社

はじめに

建築は身近な存在であり、様々な建築様式があります。人類の生活文化や生産技術の発展に伴って建築様式は変化してきました。同時に建築を構成する材料も進歩しており、新しい建築材料の発明や新工法の適用が、新たな建築構造を誕生させる原動力となっています。

最近の建築材料は多様化しており、限られた紙面の中で全ての情報を記載することは困難です。そのため、本書では製造者の視点ではなく使用者の視点で、建築材料の選定から適用方法までの要点を提示すべく努めました。建築業界に就職されて実務に携わる方々、あるいは建築業界を志す学生さんに、本書を利用して頂ければ幸甚です。

本書は第1章で、建築材料の歴史、規格、分類方法、性能、および環境・リサイクルについて紹介しています。第2章では、木材について、その種類、原産地、組織、変形、強度、製材、規格、および経年変化などを記載しています。また、木質系材料として、集成材の種類と特徴について示しました。第3章では鋼材について解説し、鋼材の種類、形鋼、軽量形鋼、鋼管、山留め、ステンレス鋼、耐候性鋼、高力ボルト、溶接、接合金物、ケーブル、鉄筋、および非鉄金属などを説明しています。第4章ではコンクリートを説明しており、歴史、構成材料、調合、種類、強度、施工、耐久性、および仕上がりについて記載すると共に、レディーミクストコンクリート、プレキャストコンクリート、フレッシュコンクリートなどの用語を解説しています。さらに、第5章の仕上げ材料では、パーティクルボード、木質系ボード、合板、フローリング、金属製仕上げ材、セメント系ボード類、ポリマーセメントモルタル、せっこうボード、陶磁器タイル、れんが、瓦、衛生陶器、ガラス、カーテンウォール、石材、左官材料、仕上塗材、プラスチック、FRP、塗料、壁紙、畳、カーペット、表面含浸材などについて説明しています。最後に、第6章の機能性材料では、防水材、シーリング材、接着剤、防火・耐火材料、透過性材料、断熱材料、防音・吸音材料、および免震装置について解説しています。

本書を執筆した著者陣は、住宅・ビルの設計経験や鉄骨製作会社での勤務経験があります。また、現在の勤務先であるものつくり大学では、実物に近いサイズの様々な建築材料を用いた実習や、卒業研究の指導を行っています。本書に掲載した建築材料のほとんどは実際に授業で使用しているものであり、日頃から学生さんに説明しています。その感覚で、建築のことがよく分からない人にとっても読み続けられるよう心掛けました。イラスト、写真、表などを多く取り入れ、できる限りやさしい表現を心掛けたつもりです。

最後に、本書を執筆するに際して、多くの企業の方から写真や情報のご提供にご協力頂きました。この場をお借りしてお礼申し上げます。また、建築材料を網羅的に掲載しましたが、建築材料は非常に広範囲に渡るため、そのすべてを取り上げることができませんでした。掲載内容が簡単なものも含めて、お許し願いたいと思います。

本書がこれから建築の仕事に携わる若い方々にとって、建築材料に興味を抱いてもらう契機となり、日本の高度な技術や技能の伝承に結び付けば幸いです。

2019年10月

大垣賀津雄、大塚秀三

トコトンやさしい

建築材料の本

目次

目次
CONTENTS

第1章 建築材料とは

第2章 建築材料として使われる木材

第3章 さまざまな種類がある鋼材

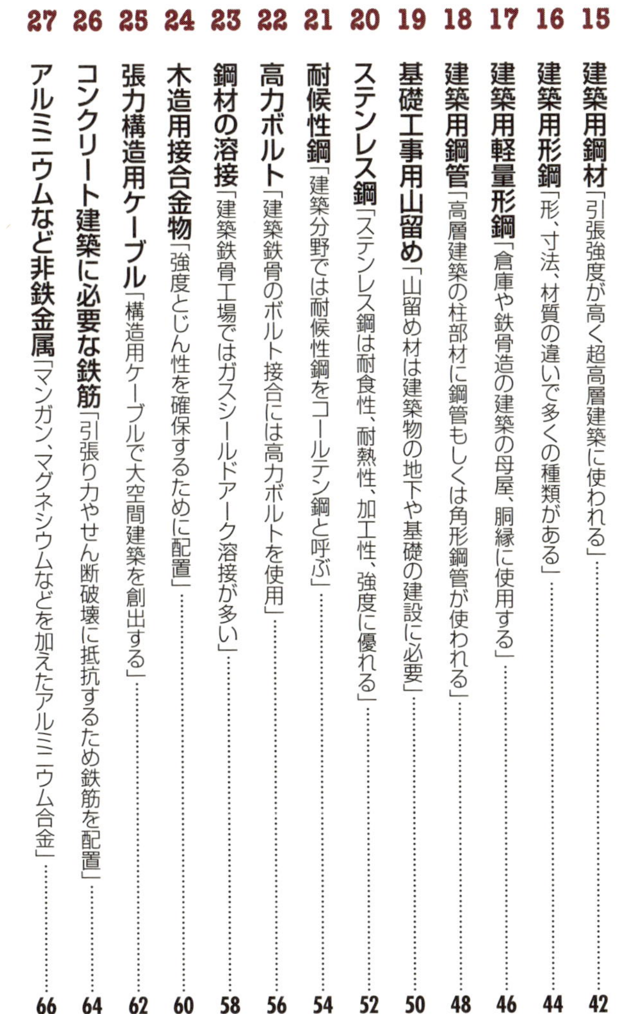

第4章
建築に欠かせないコンクリート

第5章
建築を引き立てる仕上げ材料

44 ポリマーセメントモルタル「セメントとポリマーを混ぜ、性能を上げる」……104
45 せっこうボード「芯材のせっこうを厚紙でサンドした材料」……106
46 陶磁器タイル「粘土を焼成して作られる」……108
47 れんが「普通れんが、建築用れんが、耐火れんがを区別」……110
48 瓦「形状と粘土の焼き方による品質で分類」……112
49 衛生陶器「衛生的で美しくあることが重要」……114
50 ガラス「壁、床面、階段、手すりなどに利用」……116
51 カーテンウォール「荷重を負担しない非耐力壁」……118
52 石材「古代からポピュラーな建築材料」……120
53 左官材料（漆喰）「消石灰、ノリ、スサ、砂、水を練り混ぜて作る」……122
54 仕上塗材「厚い塗膜を形成する化粧材」……124
55 プラスチック、FRP「軽量で腐食しない、自由に成形できる新材料」……126
56 塗料「表面保護と美装を目的とする」……128
57 壁紙「紙製以外が主流の壁紙」……130
58 畳「平安時代から現代まで使われている」……132
59 カーペット「歴史は三千年前にさかのぼる」……134
60 表面含浸材「はっ水してコンクリートを保護する」……136

第6章 建築の性能を高める機能性材料

61 防水材料「防水材料はアスファルト系、シート系、塗膜系」……140
62 シーリング材「建築部材の目地や隙間を埋める」……142
63 接着剤「床材、壁材、天井材など仕上げ材の接合に多用」……144
64 防火・耐火材料「耐火試験で加熱時間に対する性能を規定」……146
65 透過性材料「アクリル、ポリカーボネートの適用が増加」……148
66 断熱材料「屋内外の熱移動を減らす材料」……150
67 防音・吸音材料「RC製の壁や床は防音効果が大きい」……152
68 免震装置「建築物と地盤の間に設置して地震の揺れを吸収」……154

コラム

●スカイツリーの溶接はすごい……20
●スカイツリーの制振構造……40
●マリーナベイサンズの架設……68
●ねじれたビル……92
●小麦わらで作った板……138
●土の建築……156

参考文献……157
索引……158

第1章

建築材料とは

1 建築材料の概要

建築材料は人体の構成と似ている

建築物は、多種多様な建築材料の集合体です。建築材料を人体に例えると、建築物の骨格を構成する構造材料が骨、建築物の表面を保護する仕上げ材料が皮膚、各種の物質やエネルギーの供給・排出などを行う設備材料が血管、建築物の部位の内部において遮断機能を付与する機能系材料や仕上げ材料を保持するための下地材料が細胞と言えるかもしれません（図）。これら各種の材料が単体もしくは複合的に建築物で使われますが、最終的な建築材料のあり方としては、使用する人や設置する機器、物品などが安全で快適に維持できることにあります。そのために、建築物やその部位は居住性、耐用性、耐久性、施工性、経済性などの諸性能をバランス良く満たす必要があります。

一方で、建築物を作る際には消費者の現実的なニーズに応えることも重要な視点となります。すなわち、「安くて、早くて、旨い」建築物が求められることが多く、大半の建築物がこれに該当します。安いとは要求条件に応じた適正な価格であること、早いとは適切な工期でできるだけ早く施工すること、旨いとは要求を満たす適正な品質を有していることをそれぞれ指します。こうした、建築物を作る際の現実的で根源的なニーズにも建築材料は応えていく必要があります。

建築物を作ることは、少なからず地球環境に負荷を掛けることになるため、環境負荷を低減する対策がますます高度化する可能性があります。他方で、人手不足が顕在化するなか、ＡＩ、情報通信技術、ロボット技術などの急速な発展による対応など多くの課題が山積しています。こうしたことを解決するために、近い将来、建築材料のあり方が大きな変化を遂げる可能性もあります。これまでの建築を取り巻く様相とは異なる新たな時代に突入しつつあると言えるかもしれません。

要点BOX

- 建築材料は建築物が安全で快適な状態を維持するための役割を担う
- 社会のニーズに応じて、建築材料も変化が必要

図　建築物の構成

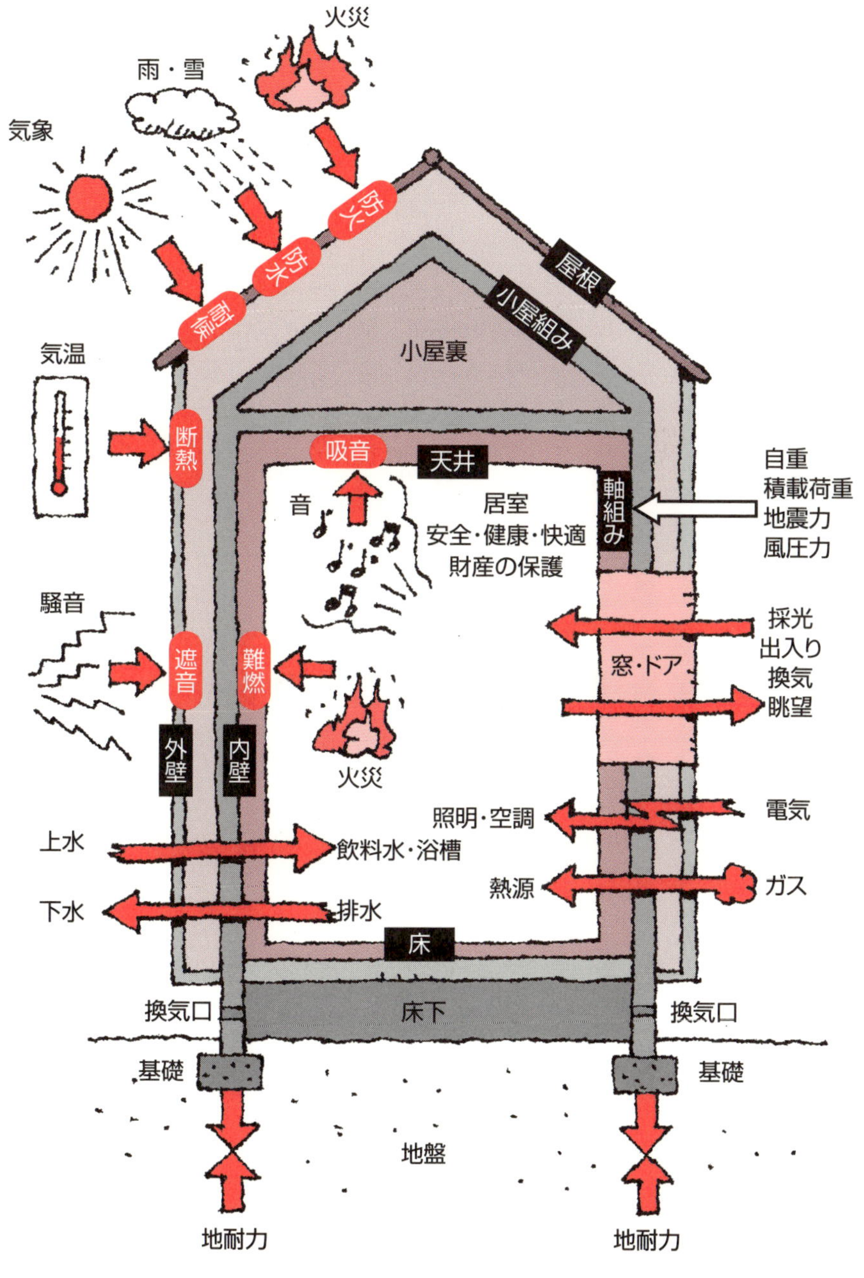

火災
雨・雪
気象
防火
防水
耐候
屋根
小屋組み
小屋裏
気温
断熱
吸音
天井
自重
積載荷重
地震力
風圧力
軸組み
音
居室
安全・健康・快適
財産の保護
騒音
遮音
難燃
火災
採光
出入り
換気
眺望
窓・ドア
外壁
内壁
照明・空調
電気
上水
飲料水・浴槽
熱源
ガス
下水
排水
床
換気口
床下
換気口
基礎
基礎
地盤
地耐力
地耐力

2 建築材料の規格と関連法規

建築材料の規格と工事種別ごとの仕様書を適用

建築材料の生産においては、一定の品質や安全性を確保するため、寸法、強度、等級などを規定する必要があります。そこで、以下の規格を制定することになりました。

日本では戦後に工業標準化法が制定され、国家規格である日本工業規格（ＪＩＳ）として制度化されました（２０１９年に産業標準化法、産業標準化法、日本産業規格と改称）。セメント、コンクリート、鋼材、ガラス、瓦などの品質や寸法について規定されており、建築材料の性能を確認する試験方法も示されています（図1）。農林物資の規格化および製品品質表示の適正化に関しては、日本農林規格（ＪＡＳ）が制定されています。木材、集成材、合板などについて規定されています（図2）。また、日本建築学会で制定された建築工事標準仕様書（ＪＡＳＳ）は、工事種別ごとの設計・施工方法・試験方法に関する指標を与える基準であり、旧規定を含めて27項目が定められています（表）。ＪＡＳＳは建築技術者の必携と言われています。さらに、建築材料を含む製品やサービスの流通が国際的になったため、国際標準化機構（ＩＳＯ）が設立され、規格や標準などが制定されました。

国が定める法規には以下があります。国土交通省が定める建築基準法は、建築物の敷地、構造、設備、用途に関する最低限の基準を定めた法律です。総務省消防庁が定める消防法は建築物の防火設備や耐火材料に関する基本的な規定が記載されています。環境省が定める環境基本法は、大気、水質、土壌、振動、騒音などの基準を設けています。また、循環型社会形成推進基本法は、建設廃材の発生抑制、再使用、再生利用、熱回収、適正処分などを規定しています。その他、国土交通省が定めるバリアフリー新法や、住宅の品質確保の促進などに関する法律（品確法）があります。

要点BOX

- ●日本産業規格と日本農林規格がある
- ●建築工事標準仕様書は建築技術者の必携
- ●その他、国が定める様々な法規がある

図1　日本産業規格(JIS)で規定されている建築材料

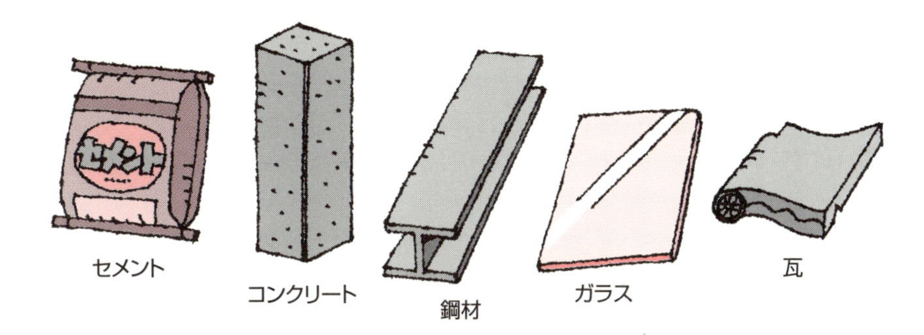

図2　日本農林規格(JAS)で規定されている建築材料

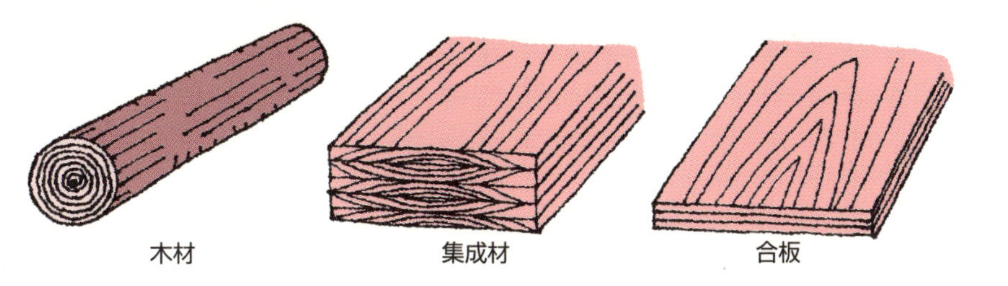

表　建築工事標準仕様書（JASS）解説

No.	名称	No.	名称	No.	名称
1	一般共通事項	10	プレキャストRC工事	19	陶磁器質タイル張り工事
2	仮設工事	11	木工事	20	プラスチック工事
3	土工事および山留め工事	12	屋根工事	21	ALCパネル工事
4	杭・地業および基礎工事	13	金属工事	22	雑工事
5	鉄筋コンクリート工事	14	カーテンウォール工事	23	吹付工事
6	鉄骨工事	15	左官工事	24	断熱工事
7	メーソンリー工事	16	建具工事	25	ユニット類工事
8	防水工事	17	ガラス工事	26	内装工事
9	石工事	18	塗装工事	27	乾式外壁工事

注）JASS 9,12,13,15,17,20,22,23,25は旧規定です

3 建築材料の分類方法

様々な分類方法で区別される建築材料

建築材料は用途別の分類方法が主に用いられ、構造材料、仕上げ材料、および機能性材料で構成されます。構造材料は建築物の柱や梁などの主要骨組みを構成する材料であり、強度と耐震性が求められています。木材、鉄筋コンクリート、鋼材が代表的なものです。仕上げ材料は建築物の内装や外装の仕上げに使われる材料であり、美しさや耐久性、および建築物の内部保護などの役割があります。主に木、ガラス、タイル、モルタル、レンガ、ボード、瓦、塗料などが挙げられます。機能性材料は、防水、シール、接着、防火・耐火、透過性、断熱、防音・吸音、免震など、建築物の機能を向上させるために用いられるものです。

また、建築材料は素材をそのまま使用している天然素材と、加工や表面処理などを行って素材の性質を変化させている人工材料に分類できます。天然素材の代表は、木、竹、木皮、草、石、土などです。一方、人工材料はセメント、鋼、ガラス、粘土焼成材、プラスチックなどがあります。

また、化学的分類として、元々が生物であった材料であり炭素を含む化合物（有機材料）か、炭素を含まない化合物（無機材料）に分類する方法があります。有機材料としては、木、竹、プラスチック、ゴム、アスファルトなどがあります。無機材料としては、石、砂、粘土、石灰、セメント、コンクリート、ガラス、金属などがあります。

最後に、建築部位別の分類法について説明します。屋根材は雨水、雪、日射を防ぐ材料です。外装材は建物の外部である外壁、軒回りなどの仕上げ材料です。内装材は床、壁、天井、開口部などの仕上げ材です。その他、下地材は内外装の仕上げ材を取り付けるための材料や、防音、断熱などの機能性材料になります（図）。

要点BOX

- ●用途別に構造材料、仕上げ材料、機能性材料
- ●構造材料は木材、鉄筋コンクリート、鋼材が代表
- ●有機材料と無機材料は炭素化合物かで区別

図　建築材料の分類方法

用途別分類

構造材料	木、鉄筋コンクリート、鋼材など
仕上げ材料	木、ガラス、タイル、モルタル、レンガ、ボード、瓦、塗料など
機能性材料	アスファルト、樹脂、石綿、アクリル、断熱材、吸音ゴムなど

天然・人工別分類

天然素材	木、竹、木皮、草、石、土など
人工材料	セメント、鋼、ガラス、粘土焼成材、プラスチックなど

化学的分類

有機材料	木、竹、プラスチック、ゴム、アスファルトなど
無機材料	石、砂、粘土、石灰、セメント、コンクリート、ガラス、金属など

建築部位別の分類

屋根材	瓦、スレート、鋼製屋根材など
外装材	タイル、モルタル、サイディング、鋼製外壁材、カーテンウォールなど
内装材	フローリング、Pタイル、畳、クロス、化粧合板など
下地材	せっこうボード、グラスウール、スタイロフォーム、ウレタンフォームなど

4 建築材料の要求性能

建築物に要求される性能に応じた建築材料

　皆さんは車を購入する際に、燃費、広さ、加速性、安全性など様々な要求性能を求めるでしょう。これと同じように、建築物には様々な性能が要求されます。例えば、屋根から雨漏りしないという要求性能に対して、屋根材料には防水性や止水性が求められます。また、外壁から騒音や外気温が伝わらないという要求性能に対して、防音性や断熱性が求められます。さらに、窓からは十分な光が採れるという要求性能に対して、窓材料に透過性や遮光性が求められます。このように、それぞれの要求に対して十分な性能を持つ材料が必要となります（図）。

　性能とは、建築物に求められる要求を満たすための条件です。例えば、屋根の仕上げ材料には水を通さないことが必要です。この条件は吸水率何％、透水性何％と定量的に示せます。日本産業規格（JIS）には様々な性能が示されており、大きく次のようになります。

①作用因子を制御するための性能
　反射性、断熱性、遮音性、吸音性など
②建築物の存続と安全に関する性能
　耐分布圧性、変形性、耐衝撃性など
③人間に対する感覚または作用に関する性能
　感触性、防障害性、防衝撃性など

　さらに、これらの性能を7ランクに分け、測定の項目、単位、内容などを定め、これを指標として各部の材料を選択する基準としています。

　また、建築物の要求性能は一般的なものと特殊なものに区分して考えられます。一般的な要求性能としては、防水、防湿、防火、耐火、断熱、保温、遮音、吸音、透光、防腐・防虫などがあります（表）。一方、特殊な要求性能としては、透湿、調湿、防食、制振・免震、電磁波制御、緑化などが挙げられます。第6章の「機能性材料」で一部代表的なものを詳しく紹介します。

要点BOX
- ●作用因子を制御するための性能
- ●建築物の存続と安全に関する性能
- ●人間に対する感覚または作用に関する性能

図　建築材料に要求される性能

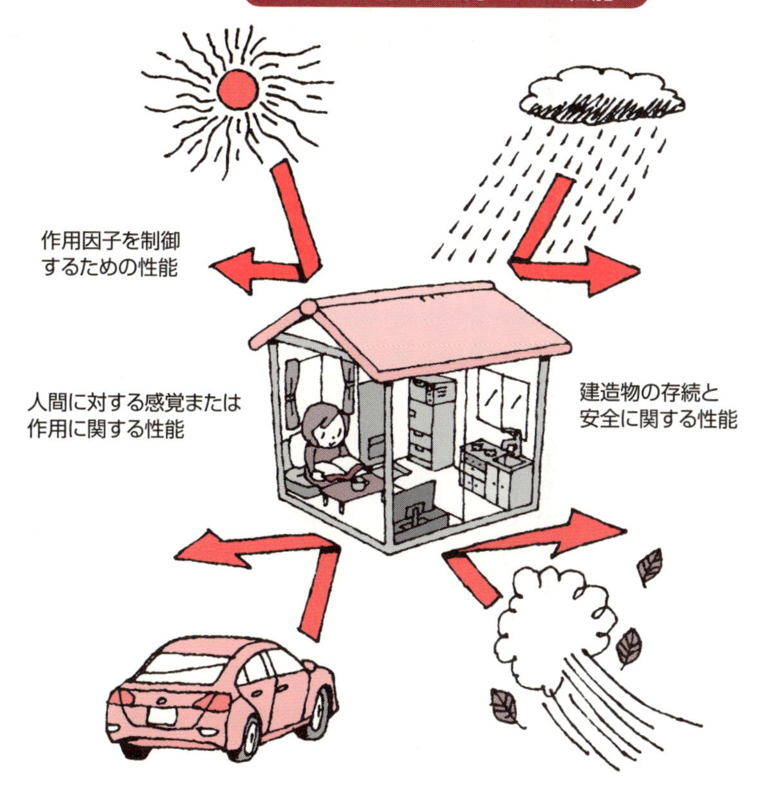

性能の種別	作用因子	性能項目	性能の意味
作用因子を制御するための性能	光 日射 熱 音	反射性 日射反応性 断熱性 蓄熱性 遮音性 吸音性	光を反射する程度 直射日光による屋根面の熱されにくさ 常温における熱の貫流に対する抵抗の程度 温度の変動しにくさ 空気伝搬音を遮る程度 音を吸収する程度
建築物の存続と安全に関する性能	力	耐分布圧性 変形性 耐せん断力性 耐局圧性 耐衝撃性 耐摩耗性	分布荷重による曲げ力に耐える程度 性能を劣化させずに変形に追従する能力 せん断力に耐える程度 局圧に耐える程度 衝突物によって起こる衝撃力に耐える程度 摩耗に耐える程度
人間に対する感覚または作用に関する性能	ふれる 人 物	感触性 防障害性 防衝撃性	人が触れた時の肌ざわりの感覚の程度 ①硬さ、柔らかさ、②滑らかさ、粗さ、 ③温かさ、冷たさなど 人間に対して障害を与えない程度 物を落とした時、それを安全に保つ程度

5 建築材料の環境・リサイクル

循環型社会の3Rが建築事業者に求められる

木、竹、土など天然素材をそのまま用いていた時代は、建設廃材の問題は少なかったのですが、人工材料である化学製品などを用いて製造された建築材料には、生物に悪い影響を与えるなどの問題があることが分かってきました。

また、資源の枯渇問題も取りざたされています。例えば、戦前のコンクリートは川の砂利が利用されていましたが、現在では環境破壊の懸念から採取ができません。今は山の岩場を削って砕石や砕砂を生産してコンクリートの材料としています。このような骨材採取場も、今後限界を迎えるでしょう。

このような状況の中で、「リサイクル法」や「環境基本法」が制定されました。事業者に求められる責務として、「廃棄物による環境負荷の低減」と「再生資源の利用促進」が盛り込まれました。さらに、「循環型社会形成推進基本法」が制定され、①発生抑制（リデュース）、②再使用（リユース）、③再生利用（リサイクル）の循環型社会の3Rが建築事業者に求められています（図1）。

既存の建築物を解体する際に、分別して再資源化するようになってきました。正しく分別されていない混ざった状態（ミンチ解体）ではただの廃棄物になります。廃木材の多くは細かいチップにして、木質ボードに利用されています。また、廃コンクリートは鉄筋を取り除き、破砕機械で細かくして、道路の基礎路盤材料として再使用されます。品質が良ければ、コンクリート用の再生砂利として使用されます。宅地造成などで発生する土は運搬して低地を埋めるために利用されます。建設中に出る汚泥は焼成してブロックなどにします（図2）。

これらの環境問題については、建築材料の調達から最終処分までに関して、国際標準化機構のISO14000によって、環境マネジメントシステムが制定されています。

要点BOX

- 循環型社会の3Rは、発生抑制（リデュース）、再使用（リユース）、再生利用（リサイクル）
- 既存の建築物の解体時に分別して再資源化

図１　循環型社会の 3R

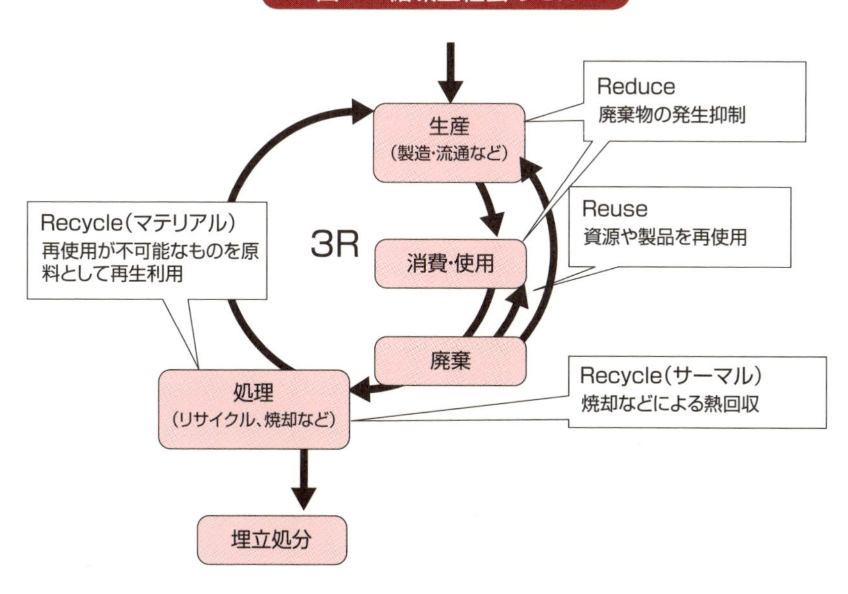

図２　建築物解体後の副産物

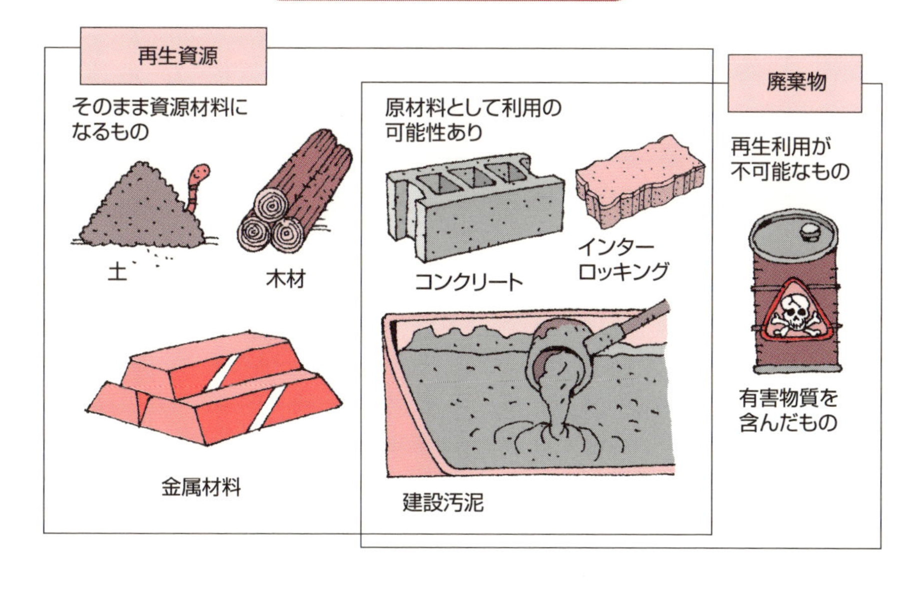

Column

スカイツリーの溶接はすごい

スカイツリーの建設に使われた鉄骨は約37000トンあります。塔体鉄骨に使われているパーツは、3600Oパーツ、そのほとんどが鋼管と呼ばれる丸パイプです。このようなパーツを製作するのがファブリケータと呼ばれる鉄骨製作会社であり、全国19ヶ所の製作工場で作られました。製鉄会社で作られた鋼板を、製管会社でプレス機などを用いて丸めて鋼管に成形した後、ファブリケータで寸法精度よくカットします。その後、鋼管どうしを溶接して分岐継手を有する部材にし、これらを現場に搬入して塔体に組み立てていきます。複雑な形をしているスカイツリーの場合、異なった形のパーツが縦横斜めさまざまな方向に配置されています。ファブリケータで溶接して分岐継手を有する部材にした後に、現場でも円周方向の溶接を行い、すべて溶接で組み上げるという工法が採用されました。

一番大きな鋼管パーツは直径2・3m、板厚は100㎜に及ぶ巨大なものです。このような巨大な部材を溶接するには、多いところで180周もの多層盛りの溶接をすることとなります。自動でできるところはほとんどなく、各種の試験で腕を確認された溶接工が担当しています。溶接すると部材に収縮や変形が生じるので、工場でも現場でも3次元測量計測を駆使して製作することになります。また、溶接が終わった部位は、必ず超音波で検査して重大な欠陥がないかを調査します。

世界に誇る日本の溶接技術により、スカイツリーの建設が可能になりました。このような技術と技能が求められる溶接の伝承が今後も重要です。

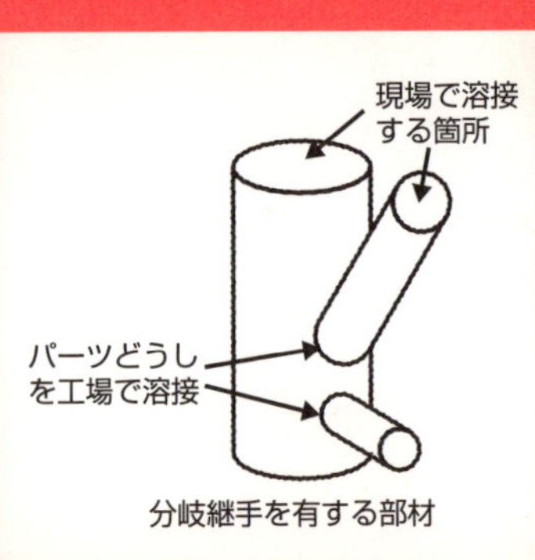

第2章

建築材料として使われる木材

6 木材の種類

針葉樹と広葉樹の特徴と使われ方

木造建築は、古くは法隆寺や東大寺大仏殿などがよく知られていますが（図）、現代でも住宅を中心とした建築物に多用されているように、日本の文化として深く根付いているといえます。日本の建築物の構造別床面積に関する最近の統計によれば、着工した建築物の全床面積に対する構造別の割合は、木造42％、鉄骨造37％、鉄筋コンクリート造18％となっており、木造が最も多いことが分かります。コンクリートや鉄に比べた木材の利点として、温もりや優しさを感じられる、加工性が良いこと、軽量で強いこと、調湿性があること、熱を伝えにくいことなどが挙げられます。一方で、腐朽しやすいこと、火災に弱いこと、変形や割れを生じる場合のあることなど、建築物に使用する際の欠点もあります。さまざまな技術で欠点を補うことで現代の木造建築は造られています。

木材とは、樹木を伐採して所定の形状に加工された状態の材料のことを指します。樹木の樹種は、針葉樹と広葉樹に大別できます（表）。建築材料は、構造材料と仕上げ材料に分けられます。構造材料とは、柱や梁などの建築物の荷重を負担して構造を成立させるために使用される材料のことを指します。一方、仕上げ材料とは壁、天井や家具などの仕上げに使用される材料になります。針葉樹は構造材料および仕上げ材料、広葉樹は仕上げ材料にそれぞれ用いられます。針葉樹のうちでも日本においてよく使われるものとしては、スギ、ヒノキ、ベイマツ、ベイツガが代表的です。針葉樹が構造材料に使われる理由として、植生量が多いこと、長くてまっすぐな材料が得やすいこと、材質が柔らかく加工がしやすいこと、密度が小さく軽量であることなどが挙げられます。このうち、長くてまっすぐであることは、例えば通し柱などの長大材を加工するのに有効です。

要点BOX
- ●建築物の構造体は木造が最も多い
- ●木材には針葉樹と広葉樹がある
- ●針葉樹は構造材・仕上げ材、広葉樹は仕上げ材

図　古くからある木造建築

左:法隆寺五重塔
下:東大寺大仏殿
法隆寺は日本最古の木造建築として知られる

表　構造材の適用部位と樹種

樹種	用途	特徴	主な材種	
			日本産	外国産
針葉樹	構造材 仕上げ材	材質が軟らかい 軽量 繊維が直通 加工しやすい 長大材が得やすい シロアリが好む	スギ ヒノキ マツ ヒバ モミ	ベイマツ ベイツガ ベイヒ
広葉樹	仕上げ材 建具 家具	材質が硬い 重い 組織が複雑 木目が特有の模様	ナラ ケヤキ ブナ カシ キリ カツラ クリ	ラワン チーク オーク マホガニー

7 木材の原産地

木材の産地は多国籍

日本は資源に乏しい国ですが、石灰石と木材に関しては豊富な資源量を有しています。石灰石の一部はセメントの原料として使われますが、自国で採掘される分だけでセメントの生産量を賄えます。また、国土に占める森林の面積割合が約70％程度と非常に高く、世界的にみてもスウェーデンやフィンランドなどの北欧諸国に近い高水準にあります。しかし、木材の生産量は北欧諸国に比べて少なく、およそ1／2～1／3程度に留まっていることに加え、年々蓄積量が増加する傾向にあります。すなわち、森林が伐採されず残り、年々幹が太くなり背も高くなっていることを意味しています。

樹木は成長速度が遅く、木造建築物の構造材として使用できるようになるまでにおよそ40～50年の年月が必要になります。一方で、植林すれば最後まで面倒を見る必要があり、一度枯れると再生までに長期間掛かるため、森林資源の確保という観点では使わずとも育てていく必要があります。森林資源の増加には第二次世界大戦直後における植林や、外国産材の輸入量の増加など様々な背景がありますが、森林の保有量に対して木材の供給量が乖離しており、問題視されつつあります。これを受けて、構造安全性や耐火性などが確保できれば、学校建築や公共施設など比較的大きな建築物でも木造にできるような法律の改正や、国や自治体などが積極的に木造建築物を推進する動きが顕著になっています。一方で、木材の自給率は昭和30年に比べて激減しており、最近微増傾向に戻りつつあるものの35％程度に留まっているのが現実です（図1）。

建築材料として用いられる木材の原産国は、製材では国産材のほかアメリカやカナダ産の米材、ロシア産の北洋材、ヨーロッパ産の欧州材などがあり、合板類ではマレーシアやインドネシア産などの南洋材と中国産が多くを占めます（図2）。

要点BOX
- ●日本は森林資源が豊富にある
- ●国産の木材は35％程度の自給率に留まる
- ●大規模な木造建築普及への動きが加速

図１　木材需要の推移

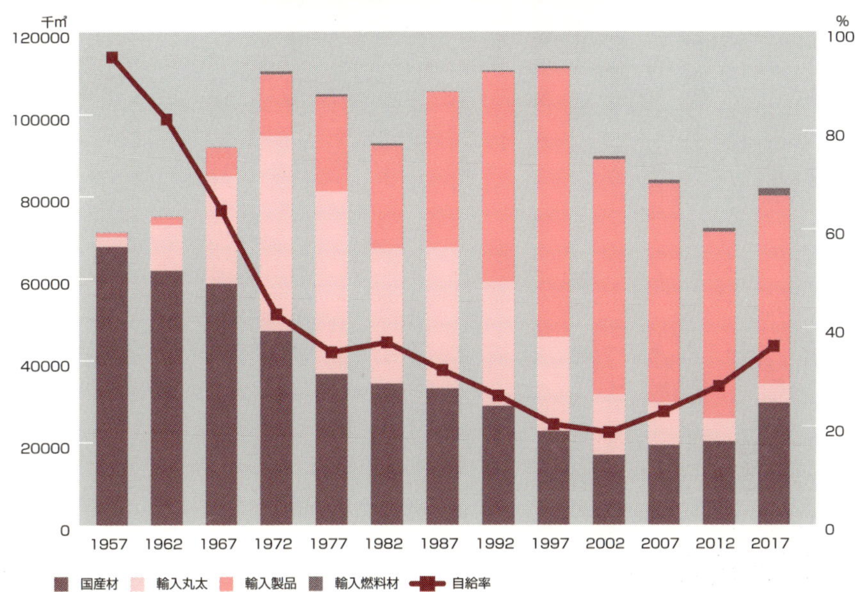

平成30年度森林・林業白書より作図

図２　用途ごとの輸入量の変化

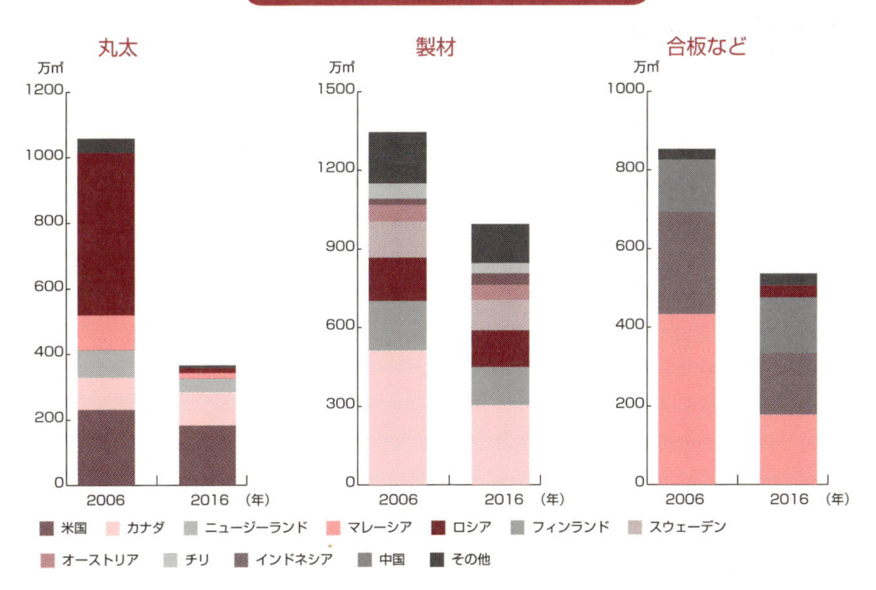

平成30年度森林・林業白書より作図

8 木材の組織構造

樹種によって組織構造が異なる

樹木は、根、樹幹および樹冠（枝・葉）で構成されています（図1）。成長に必要な水分や養分は、根から取り入れた後、樹幹の外周部（辺材）を通って樹冠部の枝や葉に送られます。葉は二酸化炭素を吸収するとともに、太陽光を受けて光合成を行い、これにより作られた光合成物質が内樹皮を通って下降し、各部へ配分されます。これらの働きによって樹木が成長します。樹幹部では、樹皮の直下にある形成層で細胞分裂し肥大成長（幹が太くなる）します（図2）。また、同時に根や樹幹の軸方向に伸長成長（木の背が高くなる）します。木は生きているとよく言われますが、形成層で作られた細胞は数週間で不活性状態となり、細胞の殻（細胞壁）だけが蓄積されますので、正確には形成層では生きていると言った方が正しいかもしれません。

樹木の細胞は、養分や水分の輸送と貯蔵を担っています。広葉樹では道管、針葉樹では仮道管が主要な構成要素です。細胞組織の形成状態は針葉樹と広葉樹では異なり、針葉樹では細胞組織が単純で粗い状態となる一方で、広葉樹では細胞組織が複雑で密な状態となります。この違いが木目の見え方に影響し、広葉樹では独特の木目が形成されるため仕上げ材料としての意匠性に優れます。

木は、季節によって成長の度合いが異なり、春から夏にかけて成長が早くなり、秋から冬にかけて鈍化します。前者を早材（春材）、後者を晩材（秋材）と言い、早材は細胞が大きく細胞壁が薄くなる一方で、晩材は細胞が小さく細胞壁が厚くなります。これが年輪として形成されます。年輪の数を数えれば樹齢が分かるのはこのためです。また、樹木の切断方向によって年輪の見え方が変わります。樹幹の中心部を軸方向で切断して見える木目を柾目といい、辺材部で切断して見える木目を板目と言います（図3）。

要点BOX

- ●細胞は道管または仮道管が主要構成要素
- ●広葉樹は独特の木目になる
- ●年輪の形成状態は季節によって異なる

図１　樹木の構成

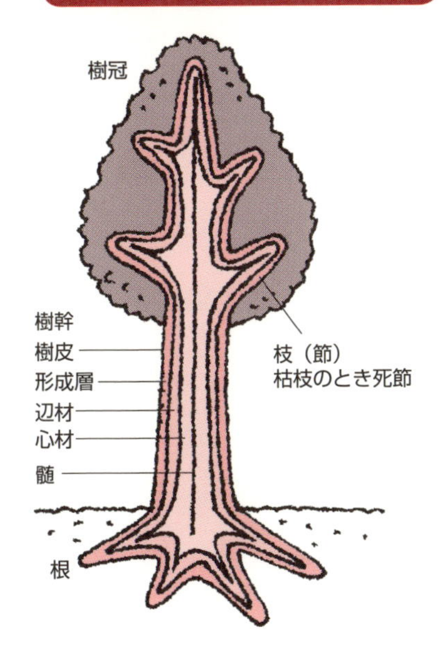

図２　樹木の断面と名称

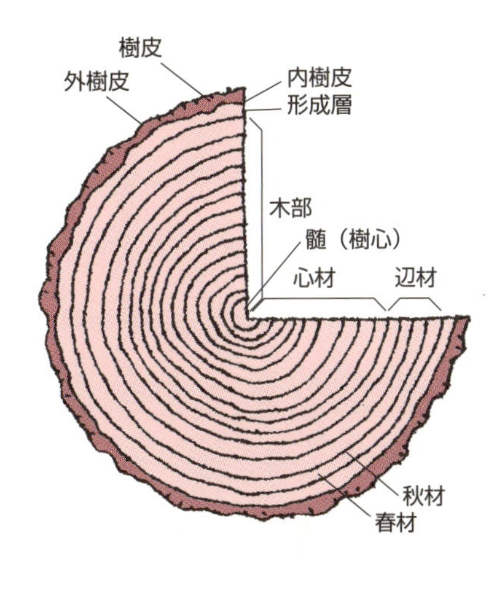

図３　樹木の断面と木目

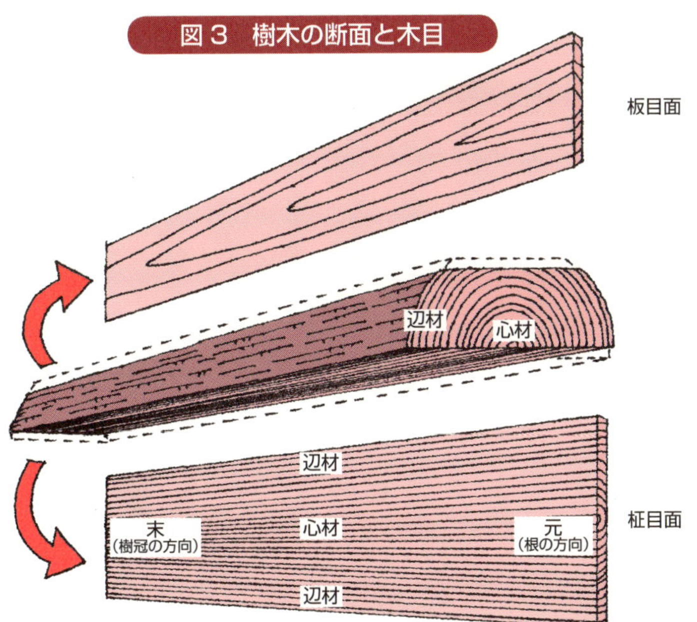

9 木材の変形

水分の状態によって形が変わる

木材は、変形する性質があります。この最も大きな原因は、木材に含まれる水分の逸散です。木材に含まれる水分の比率を含水率と言い、例えば、水分を含む木材の総質量を１０００gとして、木材の質量が５００gで水分の質量が５００gであれば、含水率１００%と定義されます。

木材中に存在する水分は、細胞内の空隙に存在する自由水と細胞壁内に存在する結合水の二種類です。木材が乾燥する過程において、まずは自由水が減少し、その後に結合水が減少します。この結合水が減少する際に木材は収縮します。逆に、水分を吸収すると膨潤します。収縮と膨潤の度合いは木材の方向によって異なり、繊維方向（長さ方向）：半径方向（厚さ方向）：接線方向（円周方向）でおよそ0・4：5：10の割合で、接線方向が卓越します。このように、方向によって性質が異なることを異方性と言います。この性質によって、柱材であれば、円周方向の収縮に伴う引張り力が作用し、最終的に柱の側面に沿って割れることがあります。これを防止するために、長さ方向に切込みを入れ、円周方向の引張り力を解放させます。この切込みのことを「背割(せわり)」と言います（図1）。また、木材を丸太から切り出す位置や木取りによって乾燥に伴う変形性状が異なります（図2）。板状の木材は、「反り」、「曲がり」、「ねじれ」などが生じ、様々に変形します。このため、建築物の部材として取り付ける場合には、木材の変形方向を想定する必要があります。例えば、図2のAの部材は樹心側に凸に変形します。これを建具の敷居（建具を移動させる溝付の床側の部材）と鴨居（同・天井側の部材）に使う場合には、樹心側を建具側にして取り付けると敷居と鴨居の距離が小さくなるため、建具の移動がしにくくなり、開かなくなることがあります。

要点BOX

- ●木材の変形は含水率の影響が大きい
- ●木材の変形には異方性がある
- ●変形の異方性を考慮して部材を取り付ける

図1　背割の有無による変形

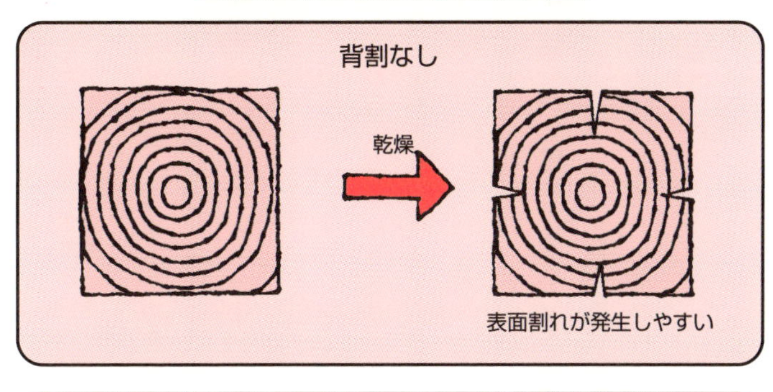

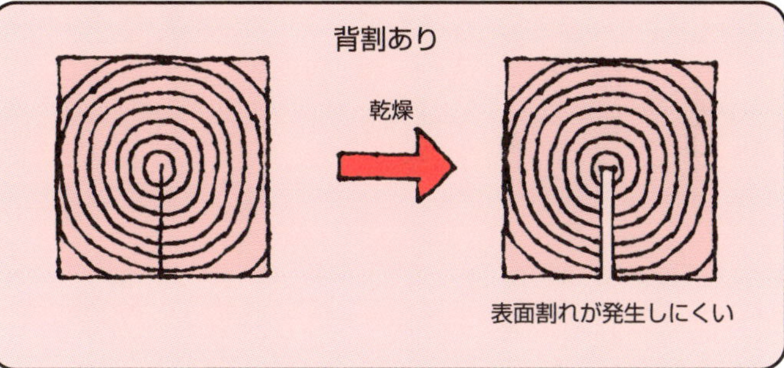

図2　丸太の断面に見る木材の変形例

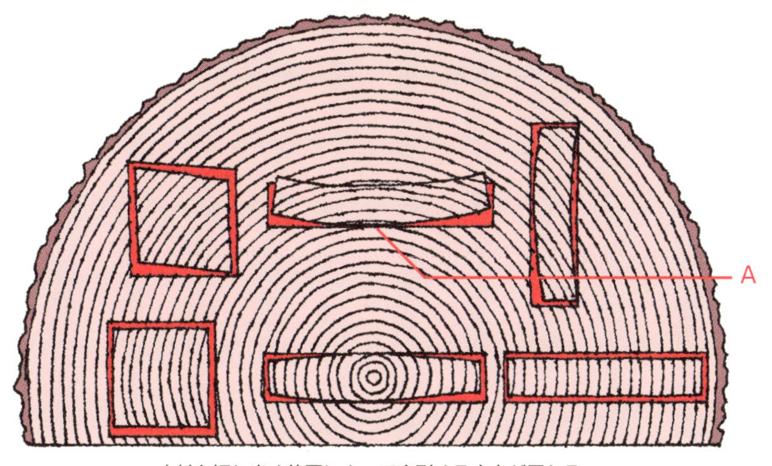

木材を切り出す位置によって変形する方向が異なる

10 木材の強度

水分、欠点の有無、載荷方向によって異なる

木材の強度は、含水率の影響を顕著に受けます（図1）。木材が乾燥する際に自由水が消失する点のことを繊維飽和点（含水率約30％）と呼び、木材の強度は、繊維飽和点を境界として異なります。すなわち結合水のみが存在する領域では含水率に比例して強度が減少し、繊維飽和点を境にそれ以降は含水率が大きくなっても平衡状態のまま推移します。このため、国内に流通する木材は含水率を調整しており、例えば、日本農林規格（ＪＡＳ）では、15～18％程度の含水率を基準として定めています。一方で、築後30年程度経過した木造建築物の含水率を調べた結果、部位によって多少異なりますが、概ね15％前後であったという例もありました。15％という数値は空気中でこれ以上乾燥しない含水率（気乾状態）とほぼ同じです。

木材の強度は、繊維方向（長さ方向）＞半径方向（厚さ方向）＞接線方向（円周方向）になり、木材の変形特性と同様に異方性があります。長さ方向とこれに直交する厚さ方向の圧縮強度の違いを見ると、長さ方向が厚さ方向より10～15倍程度強度が高くなり、また、木材に作用する荷重には、圧縮強度のほかに、曲げ、引張、せん断などがあります（図２）。欠点のない小試験片において含水率を15％とした場合、繊維方向では単純に最大荷重だけで比較すると、引張強度＞曲げ強度＞圧縮強度＞せん断強度となります。コンクリートでは圧縮強度がほかの強度に比べて卓越しますので、木材の強度特性の特徴と言えるでしょう。一方、木材は天然材料であることから節や割れなどの欠点を有しています。節径と強度比の関係を見ると、概ね節径に比例して強度が低下します。このため、荷重の掛り方を考慮した上で、部材の取り付けを行う必要があります。

要点BOX
- ●含水率約30％を境に強度の変曲点がある
- ●載荷方向によって強度が異なる
- ●節や割れなど欠点があると強度が低下する

図1　含水率と強度の関係

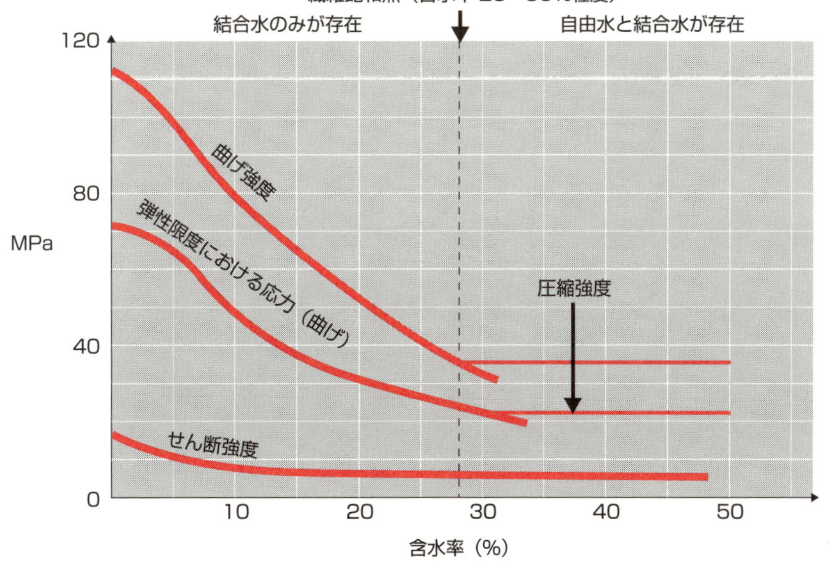

図2　木材に作用する荷重

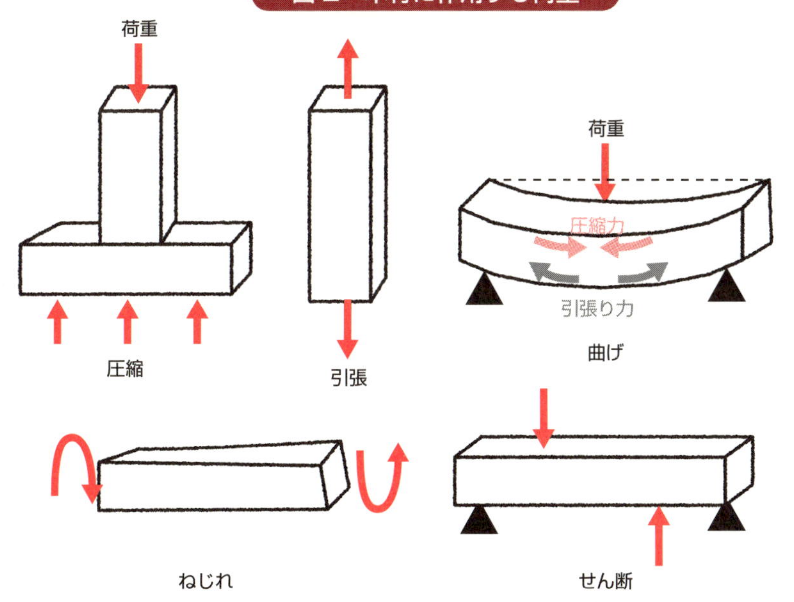

11 木材の製材

適材適所に丸太から木取り

木材を製品として出荷するには、一般的に次のような工程を経ます。まず、原木を伐採した後に玉切りを行い、枝・葉を切除し丸太に加工します。玉切りの前に、原木（主にスギ）を乾燥させるための予備的段階として、葉枯らしと言われる自然乾燥を行う場合もあります。その後丸太の樹皮を剥ぎ、製材作業を行います。

製材作業を始める前に、丸太の長さや径などの形状に加え、曲がり、節、割れなどの欠点を考慮して、製品の種類や寸法に合わせて最も合理的に切断できる箇所を決めます。これを木取りと言います（図）。樹心（年輪の中心）を含む木材を心持ち材と言い、そうでないものは心去り材です。一般には、心持ち材は強度が高く、吸水率が小さく腐朽しにくい特徴があり、柱材として活用されます。これに対して心去り材は、辺材になればなるほど心持ち材と逆の特徴となり、構造材以外の用途に使われます。木取りは、1本の木から歩留まり良く、製品の用途や要求性能に合わせた切断位置を勘案して決定します。すなわち、木取りが製材作業の要の工程と言えるでしょう。

木取りが決定した後の製材作業では、まずは「大割り」と言って、丸太を木取りに合わせて大まかに切断します。その後、製品の寸法に合わせて「中割り」、「小割り」など段階的に細かな仕上げ作業を行います。製材作業に主に使われるのが、帯状の〝のこ刃〟を高速回転させて木材を切断する、「帯のこ盤」と呼ばれる加工機械です（写真）。原木から製材作業を経て木材として成形した後には、所定の含水率にするために人工乾燥機を使って乾燥させてから出荷されます。木材の乾燥を天然乾燥とする場合もありますが、乾燥に長期間要することに加え、含水率20％程度以下に低下させることが難しいため供給量は僅かです。

要点BOX
- ●心持ち材は強度が高く、吸水率が小さい
- ●部材の用途や欠点を考慮して木取りを行う
- ●木材は乾燥させてから流通させる

図　基本的な木取りの例

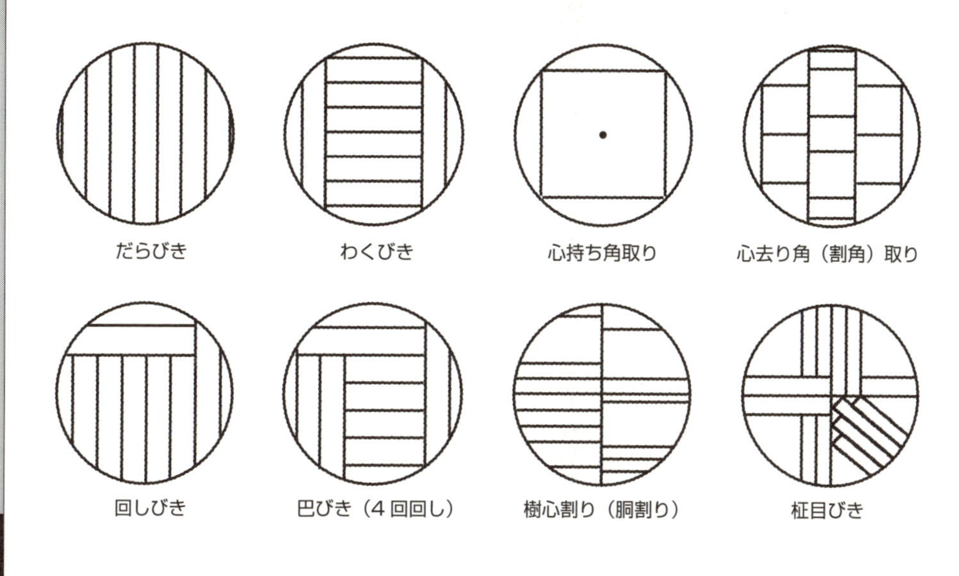

写真　帯のこ盤の例

バンドソーとも呼ばれる

12 構造用製材の規格

日本農林規格によって定められる

木質系材料の品質は、日本農林規格（ＪＡＳ）に定められています。構造用に用いられる製材のＪＡＳは、針葉樹の構造用製材と枠組壁工法構造用製材に大別できます。前者が在来軸組工法と呼ばれる最も一般的な工法に使われるもので、後者が枠組壁工法（一般的にツーバイフォー（2'×4'）工法と呼ばれる工法）に使われるものです。在来軸組工法は、柱や梁などの棒状の部材を緊結して、ラーメン構造のように構造体を成立させるのに対して、枠組壁工法は壁や床などの面として剛性を持たせる形式です（図）。

針葉樹の構造用製材に関するＪＡＳの枠組では、目視等級区分構造用製材と機械等級区分構造用製材に大別できます。目視等級区分とは、読んで字のごとく〝見た目（美観）〟に基づいて区分する等級です。一方の機械等級区分とは、曲げヤング係数（ヤング係数とは、変形のしやすさを示す値のこと）によって等級分けされます。目視等級区分では、梁などの曲げ性能を求められる製品が甲種構造材、柱などの圧縮性能が求められる製品が乙種構造材に区分されます。それぞれの構造材に要求される性能を満たしてＪＡＳに該当すると認定された製品には、その表面にＪＡＳマークを印字して表示します。

この他に、無等級材と呼ばれるＪＡＳに該当しない製品もあり、ＪＡＳ規格品に比べて流通量が多いのが現状です。無等級材は、樹種によって圧縮強度、引張強度、曲げ強度およびせん断強度の基準強度が定められています（国土交通省・告示第１４５２号）。無等級材が流通する際には、地域や卸業者などによって異なりますが、慣習的に節の有無によって無節、小節、中節、特等、一等、二等などのように等級分けされて価格設定されることが一般的で、節が少ないほど価格が高くなります。

要点BOX

- ●在来軸組工法用と枠組壁工法用に大別される
- ●構造用製材は目視等級と機械等級に区分
- ●JASに該当しない部材も多く流通する

図　軸組の例

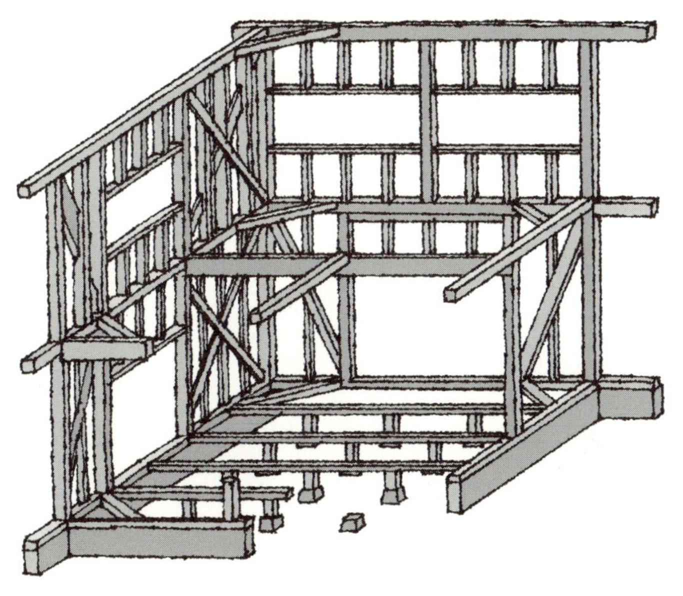

在来軸組工法

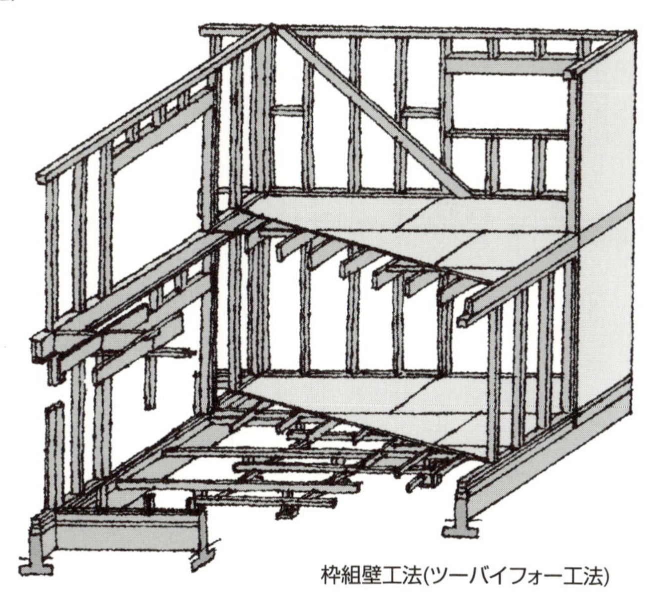

枠組壁工法(ツーバイフォー工法)

13 木材の経年変化

老化と劣化の二種類がある

木材の経年変化は、老化と劣化に大別できます。老化とは数百年単位で徐々に進行する材質の変化のことを言い、劣化とは材料が時間の経過と共に、熱・水分・酸素・オゾン・紫外線・薬品・生物・荷重などの作用によって変質を生じ、物性が低下する現象のことを言います。劣化については因果関係が相互に関連し合うので明確な線引きはできませんが、「物理的・化学的劣化」（風化という場合もある）、「力学的劣化」、「生物的劣化」の3つに分けて捉えることができます（図）。

「物理的・化学的劣化」には、太陽光の紫外線による木材表面の変色、含水率の変動による収縮と膨潤を繰り返すことで生じる木材表面の割れなどがあります。「力学的劣化」には、建築物の使用過程において、床板や建具などの仕上げ・造作部材などに摩擦力が作用することで生じる材料表面の物理的破壊や消耗を引き起こす摩耗、木材に一定の荷重（建物の自重、人や物の積載荷重など）が継続作用することで徐々に変形が生じるクリープ現象があります。クリープ現象は、木材の含水率によって異なり、含水率が高いほど変形が大きくなります。日本の木造建築物では、クリープ現象を除いた固定加重と積載荷重のみの変形量（たわみ量）は、梁であれば支点間距離（梁を支える柱間の距離）の1／250以下とするように法律で定まっていますが、これにクリープ現象による変形を考慮して、実質的には1／500以下の変形となるように一般には設計されます。「生物的劣化」には、木材腐朽菌による腐朽、シロアリによる蟻害、害虫による虫害があります。建物の経過年数によって生じる生物的劣化は、年数が経過するほど腐朽と蟻害の割合が高くなります。また、部材別で見ると土台が劣化する傾向が強く、湿気の影響を受けます。

要点BOX
- ●老化は数百年単位で徐々に進行する材質変化
- ●劣化は経年変化で変質を生じ物性が低下する
- ●物理的・化学的劣化、力学的劣化、生物的劣化

図　木材の劣化要因

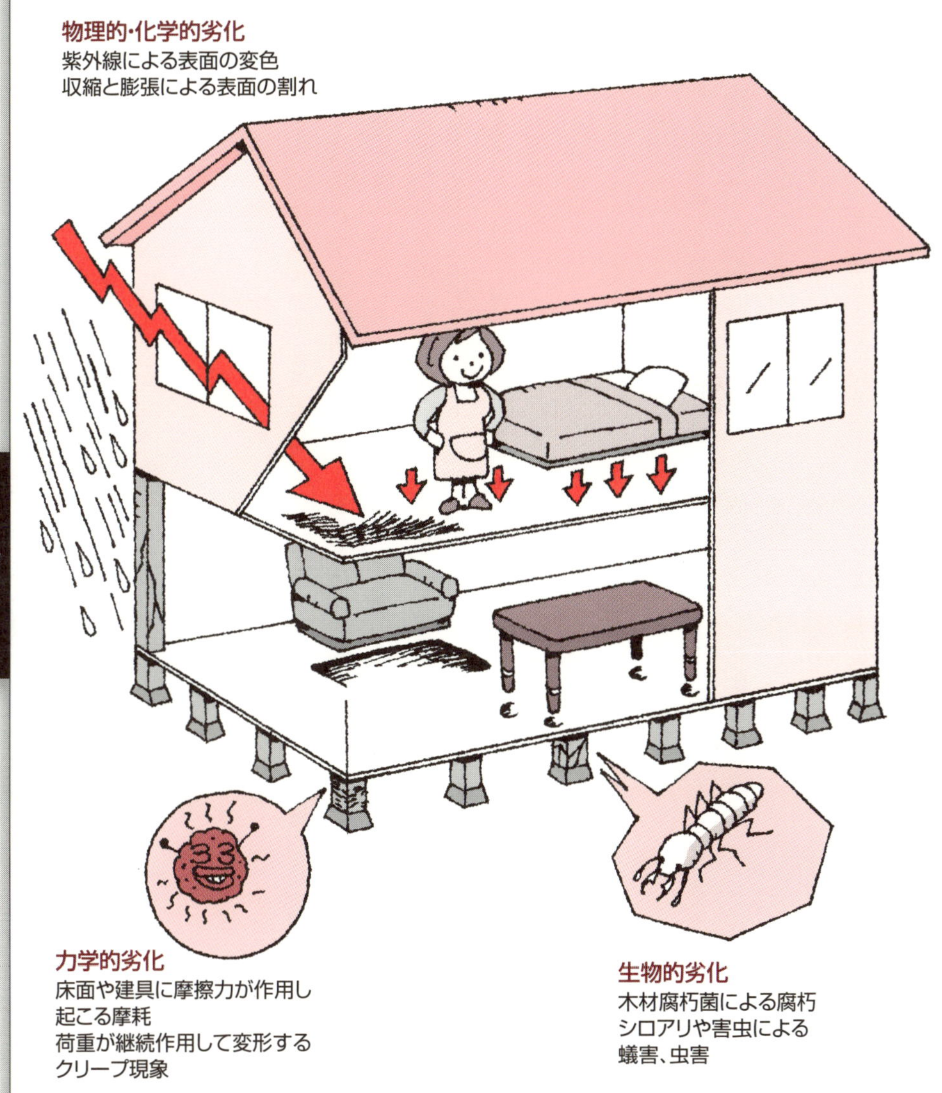
物理的・化学的劣化
紫外線による表面の変色
収縮と膨張による表面の割れ
力学的劣化
床面や建具に摩擦力が作用し
起こる摩耗
荷重が継続作用して変形する
クリープ現象
生物的劣化
木材腐朽菌による腐朽
シロアリや害虫による
蟻害、虫害

14 構造用集成材

寸法の自由度が高く、木の良いとこ取り

構造用集成材(以下、集成材)は、①木材のひき板や小角材を接着したもの、②単板(ベニヤ)を接着したもの、③木材の小片を接着したものに大別できます(図)。集成材の特徴として、強度の異方性やばらつき、部材の変形などを抑制できることに加え、任意の寸法のものを製造できることが挙げられます。このことから、長大なスパン(柱間の距離のこと)を掛け渡す梁や大きな圧縮力を負担する柱材などに大断面(短辺が15㎝以上、断面積が300㎠以上のもの)の集成材が活用されることもあります。

①は、木材のひき板や小角などを繊維方向に平行に集成接着した材料で、集成材では最もポピュラーな材料です。①の種類には、造作用(敷居、鴨居、建具枠などの仕上げ用の材料のこと)と構造用(柱や梁などの軸組を構成する材料のこと)があります。

②は、木材から切削した単板を繊維が平行となるように集成接着したもので、LVL(Laminated Veneer Lumber)とPSL(Parallel Strand Lumber)があり、造作用や構造用として使われます。LVLは比較的幅のある単板を使い、PSLは単板を細長く割いたものを積層接着したもので、最近普及しつつある大規模な木造建築に使われることが多くなっています。LVLとPSLは、合板と同様に単板由来の材料になりますが、合板が各層の繊維方向を直交方向に積層しているのに対して、平行方向に積層している点で異なります。なお、日本農林規格(JAS)では、①を集成材、②を単板積層材として規定しています。

③は、長さが30㎜程度の木材の小片を一方向に方向性を持たせて配列し接着剤によって圧縮成形した材料で、OSL(Oriented Strand Lumber)と呼ばれます。OSLは、構造材として使われますが、JASには規定されていないため今後の普及が待たれるところです。

要点BOX
- ●ひき板や小角材を接着したものが最も一般的
- ●単板を接着したものには、PSLとLVLがある
- ●木材小片を接着したものはOSLと呼ばれる

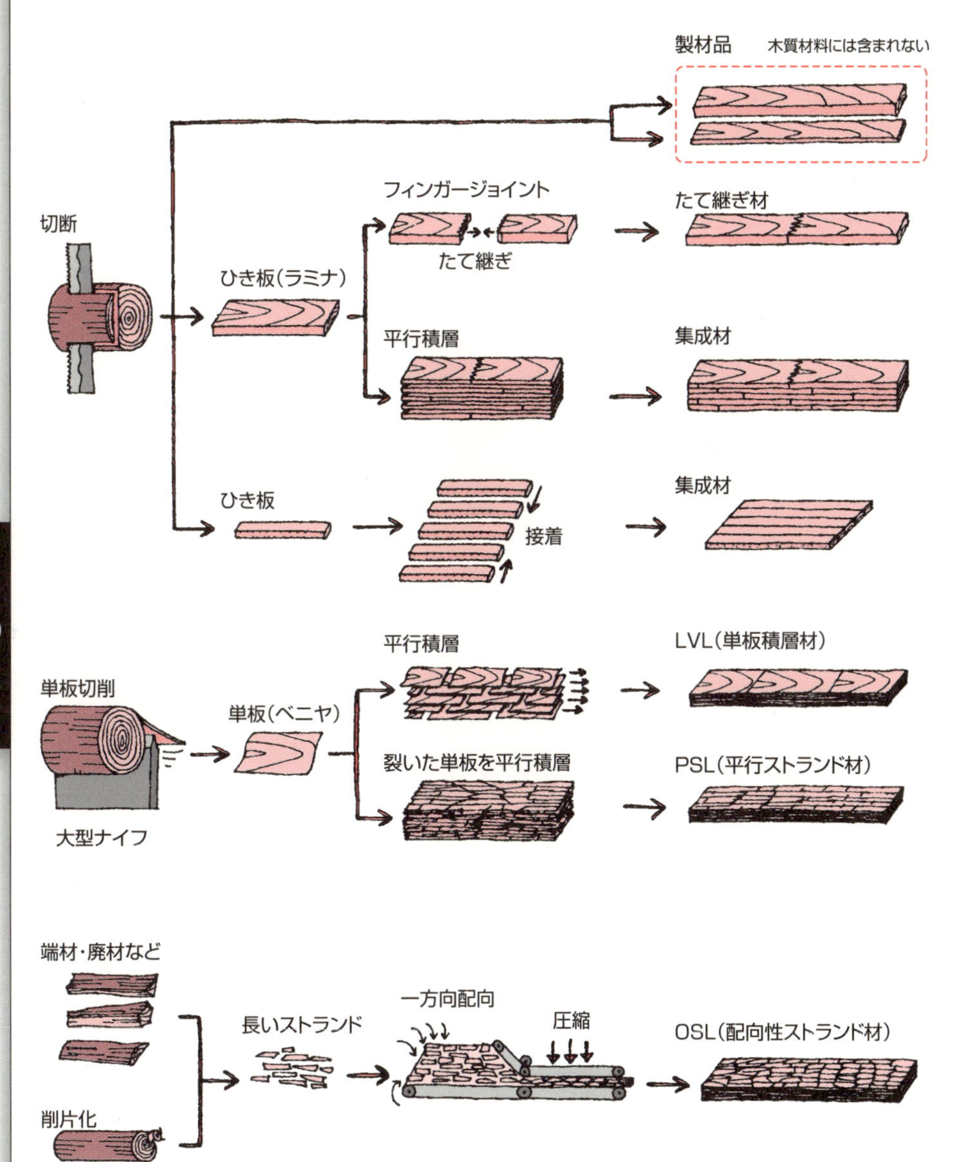
木質材料の製造工程
製材品
木質材料には含まれない
切断
フィンガージョイント
たて継ぎ
たて継ぎ材
ひき板(ラミナ)
平行積層
集成材
ひき板
接着
集成材
平行積層
LVL(単板積層材)
単板切削
単板(ベニヤ)
裂いた単板を平行積層
PSL(平行ストランド材)
大型ナイフ
端材・廃材など
一方向配向
圧縮
長いストランド
OSL(配向性ストランド材)
削片化

Column

スカイツリーの制振構造

地震の揺れに対して、建物を守る技術は大きく3つに分かれます。1つ目は建物の柱や壁などを強くして倒壊しないようにする耐震構造です。2つ目は建物と地盤を構造的に切り離して、地震力が建物に伝わりにくくする免震構造（68項参照）です。3つ目は特殊な装置や構造により、地震による建物の揺れを小さくする制振構造です。巨大地震時に対するこれらの構造的対策のうち、スカイツリーで用いたものは3つ目の制振構造です。これまで高層ビルや巨大な吊橋で制振構造が用いられています。

スカイツリーで採用された制振構造は少し特殊で、心柱制振を用いています。外周の鋼管トラス鉄骨が構造本体ですが、その揺れを小さくする役目を心柱が果たしています。高さ125mまでは鉄骨構造体と心柱が固定されていますが、125mから375mまでは鉄骨本体と心柱の間に1mの隙間を設けて、そこに多くのオイルダンパーを設置しています。このオイルダンパーで鉄骨構造体と心柱がぶつからないようにしており、さらに地震時のエネルギーを吸収します。地震時のシミュレーション解析により、その揺れを小さくする効果の確認を行っています。

このような「心柱制振」は、日本の伝統的木造建築物である五重塔が持っている心柱にちなんだ命名です。五重塔は1層目から最上部まで吹き抜けになっており、その中心に設置されている柱を心柱と呼んでいます。心柱は塔頂にある相輪と呼ばれる金属製の部分を支えるためのものですが、地震大国である日本において、五重塔は長年にわたり倒壊したという記録がほとんどないことを考えると、この心柱に制振効果があるという説も有力です。法隆寺の五重塔の太い心柱は、塔頂から基礎の土台までを貫いており、塔の制振になんらかの役目を果たしていると考えられています。

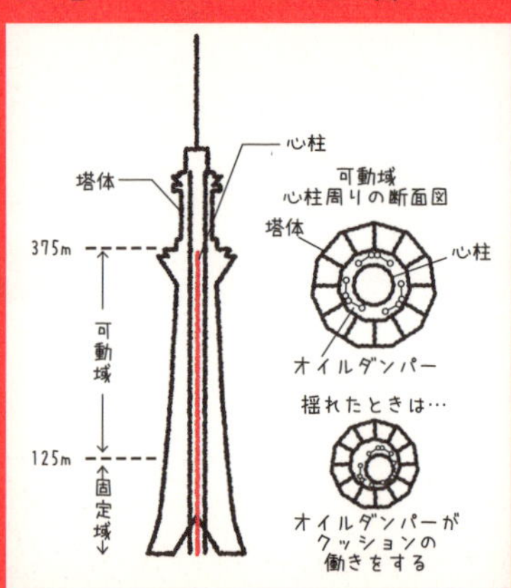

第3章 さまざまな種類がある鋼材

15 建築用鋼材

引張強度が高く超高層建築に使われる

鉄はとてもなじみのある材料です。古くから、兜、刀、槍、鍬などに使われています（表1）。産業革命以後、欧米ではエッフェル塔、エンパイアステートビルなど多くの建築物で使われています。日本でも霞が関ビルなど超高層建築に使用されています。

しかし、近代建築に使用されるのは「鉄」ではなく「鋼」です。これらは炭素の含有量で、鉄、銑鉄、および鋼に区分されます。鋼の主成分は鉄（Fe）ですが、その他に少量の炭素（C）などが含まれています。Cが多いと強度が上がり、少ないと粘りや溶接性が向上します。

鋼材の製造にはまず、製鉄所の高炉で鉄鉱石、石炭、石灰石から銑鉄を製造します。それを転炉や電気炉で精錬して鋼片を製造し、加熱炉を通して圧延を行います。この製造工程で生まれる鋼材は、鋼板、形鋼、軽量形鋼、鋼管および棒鋼などです（表2）。鋼材は一般に引張強度が高く、超高層建築や長大橋などに用いられます。欠点としては、酸化しやすく錆びやすいことや、圧縮を受けると曲がること（座屈現象）が挙げられます。

これを、鋼材の引張試験から得られる応力-ひずみ線図で説明します（図）。①ヤング係数（弾性率）は弾性範囲での応力とひずみの関係を示すもので、$2.0 \times 10^5 N/mm^2$ 程度になります。②上降伏点は永久ひずみが蓄積される塑性変形に変わる際の最も高い応力度であり、強度計算の限界指標となる値です。降伏棚からやがてひずみ硬化段階が始まって応力度が上昇し、③最大応力度の引張強度（引張強さ）に至ります。鋼材の材質はSS400、SM490A、SN400Cなどの記号で表わし、SSは一般構造用、SMは溶接構造用、SNは建築構造用の圧延鋼材を意味します。また、数字は引張強度を示します。最後のA～Cは溶接性やじん性を表します。

要点BOX
- ●建築に使用されているのは「鉄」ではなく「鋼」
- ●鋼板、形鋼、軽量形鋼、鋼管、棒鋼などがある
- ●鋼材材質の規格値は引張強度を使う

表１　鉄、鋼、銑鉄の種類と特徴

種類	鉄	鋼	銑鉄
用途例			
炭素含有量(%)	0.03以下	0.03～1.70	1.70以上
特徴	柔らかく加工しやすい	強度が大きく、粘り強い	融点が低く、硬くてもろい

表２　建築用鋼材の分類

種類	形状	用途
鋼板	平鋼、帯板	鉄骨柱、梁などのつなぎ材、シートパイル
形鋼	山形鋼、I形鋼、H形鋼、みぞ形鋼、CT形鋼	柱、梁、ブレース材
軽量形鋼	軽みぞ形鋼、軽Z形鋼など	壁、天井、屋根の下地材
鋼管	角形鋼管、鋼管	柱、梁、杭
棒鋼	丸鋼、異形鉄筋	鉄筋コンクリート部材

図　鋼材の応力度とひずみ

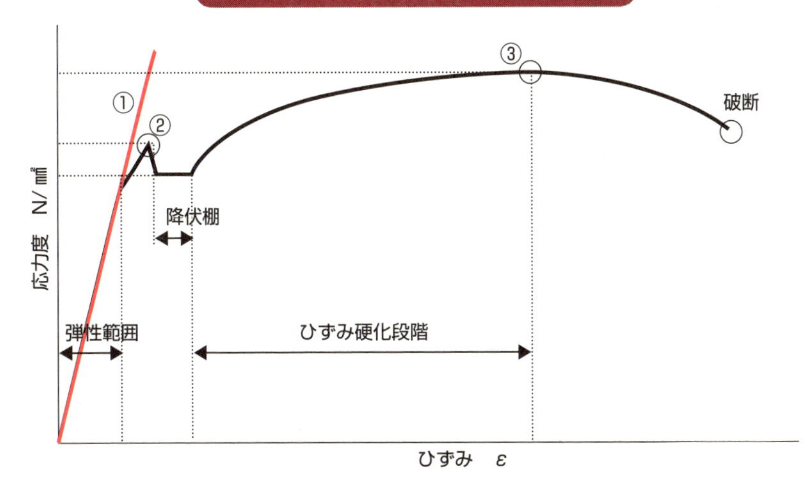

16 建築用形鋼

形、寸法、材質の違いで多くの種類がある

製鉄所で造られた鋼片を再度1000℃～1200℃に加熱して圧延加工を行うと、鋼板や条鋼ができ上がります（図1）。建築構造用鋼材としては、圧延鋼材である鋼板や形鋼と、鋼板を成形した2次製品である鋼管があります。形状が平らではない形鋼や棒鋼などの圧延鋼材の総称を条鋼と呼びます。その他の条鋼には、鉄道用レールやピアノ線などの線材もあります。

圧延形鋼の材質は一般構造用圧延鋼材（SS）と、耐震性の指標である降伏比を小さくした建築構造用圧延鋼材（SN）があります。SN材は地震時のエネルギー吸収性能が高いことが特徴です。また、マンガンの含有量を増やして溶接性を向上させた溶接構造用圧延鋼材（SM）もあります。SN材やSM材は、炭素（C）の含有量を規定し、不純物であるリン（P）やイオウ（S）の含有量を低減しています。さらに、鋼材の衝撃特性であるシャルピー吸収エネルギーを規定して、溶接接合部分が大きな地震でも割れないようにしています。

形鋼には等辺山形鋼（アングル）、不等辺山形鋼、みぞ形鋼（チャンネル）、I形鋼、H形鋼などがあります（図2）。それぞれの材料を図面や材料表で現わす場合には、その形を示す、L、C、I、Hなどの記号と共に、部材の高さ、幅、板厚を記載することとなっています。これらの形鋼はカタログの中からサイズを選び、長さを指定して注文します。寸法の範囲は規定されており、市中で入手できる難易度がものによって異なります。また、従来のH形鋼は内法寸法が一定ですが、近年、梁せいが外法で一定であるH形鋼が製造されています。H形鋼の最大幅は400㎜であり、最大の梁せいは1000㎜です。これ以上のサイズが求められる場合は、鋼板を溶接して製造する（ビルドH）が使用されます。

要点BOX

- 鋼板や形鋼は鋼片を圧延して製造
- SN材は地震時のエネルギー吸収性能が高い
- 形鋼は部材の高さ、幅、板厚を記載

図1　形鋼の圧延

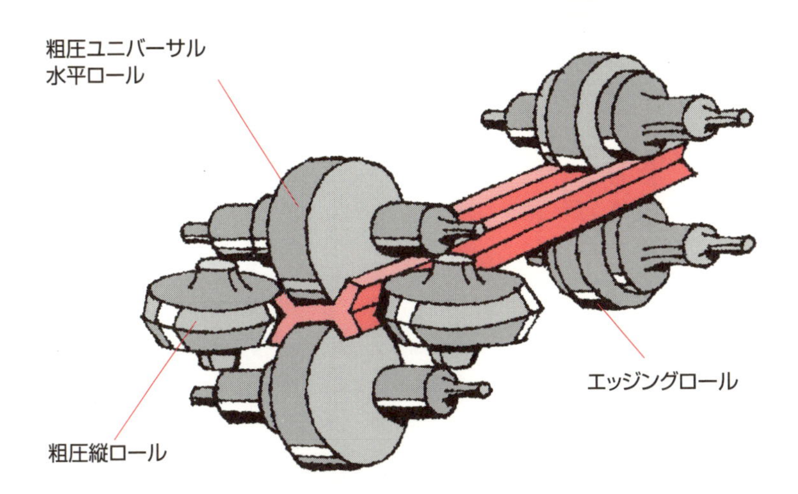

図2　形鋼の種類

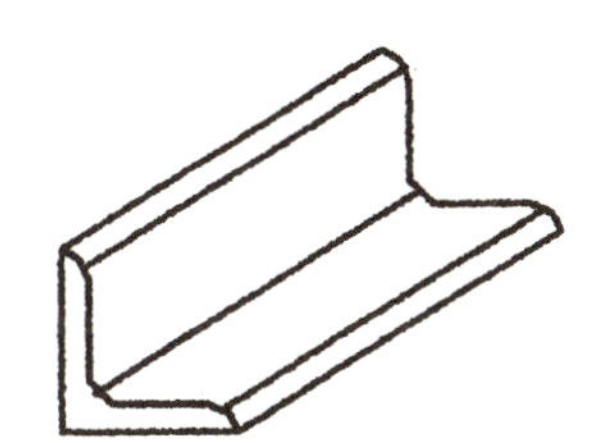

等辺山形鋼（アングル）

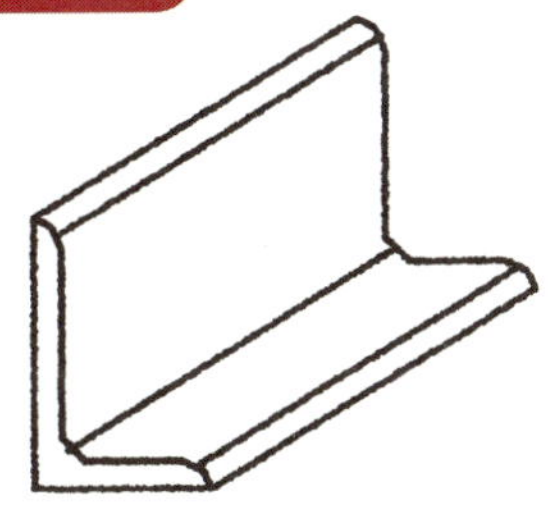

不等辺山形鋼

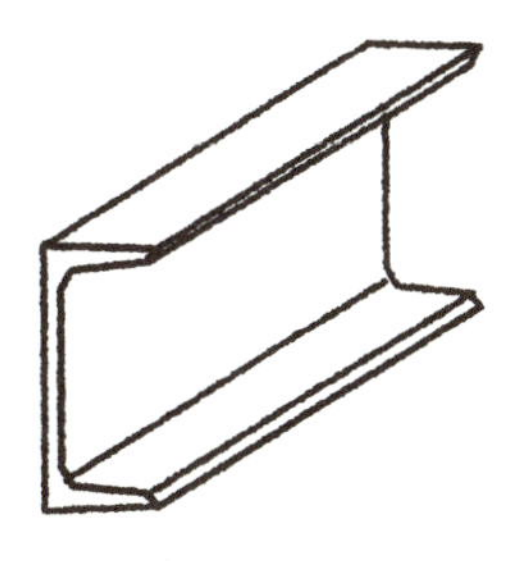

みぞ形鋼（チャンネル）

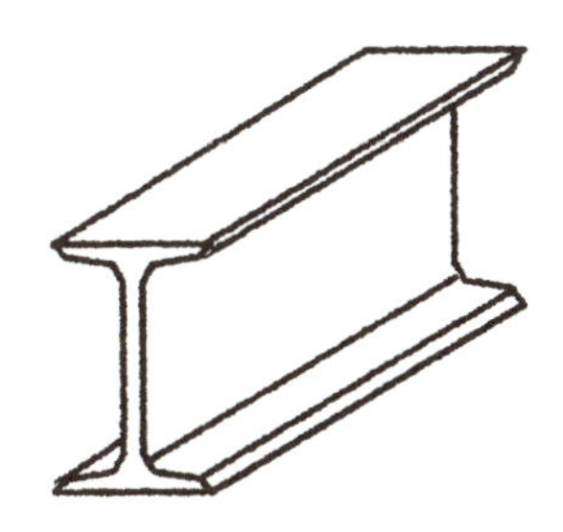

I 形鋼

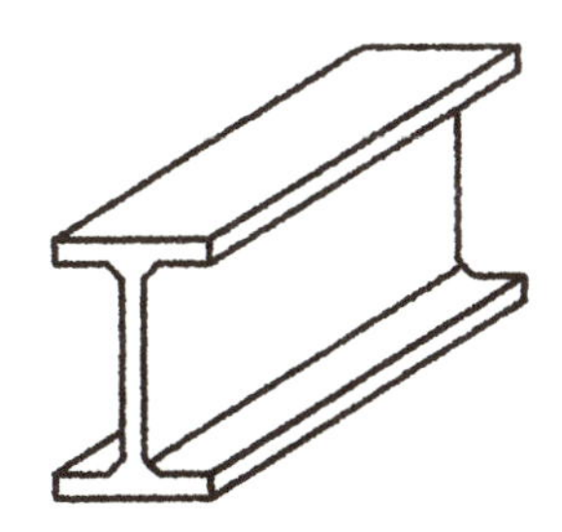

H 形鋼

17 建築用軽量形鋼

倉庫や鉄骨造の建築の母屋、胴縁に使用する

一般的な形鋼は鋼片を圧延（ロール）して製造しますが、軽量形鋼は薄い鋼板を冷間で折り曲げて成形します。板の厚さは一般に1・6㎜、2・3㎜、3・2㎜、4・5㎜の4種類です。軽量形鋼は板厚が薄いので、重量が軽く施工性に優れています。一方、断面剛性が低く、倉庫やビルなどの大型建築においては、柱や梁などの主要強度部材には使われません。

軽量形鋼の種類は、軽みぞ形鋼、軽Z形鋼、軽山形鋼、リップみぞ形鋼、リップZ形鋼、ハット形鋼などがあります（図1）。リップみぞ形鋼のリップは「唇」という意味です。実務ではCチャンネルと呼ばれ、倉庫やビルなどの大型建築で母屋や胴縁の材料として使用します。寸法は高さが60～250㎜、幅は30～75㎜です。一般に材質はJIS G 3350に規定されているSSC400を使用しており、SS400に比べて炭素Cの規定を設けて、伸び性能を確保しています。

軽量形鋼は板厚が薄いので、溶接接合されることは少なく、ボルトやドリルビスによる接合が一般的です。倉庫などの建築では屋根の大梁に、リップみぞ形鋼やリップZ形鋼の母屋をボルトで接合し、その母屋に屋根材をビスなどで取り付けます。壁の下地材である胴縁や床の下地材である根太も、リップみぞ形鋼が多く用いられています（図2）。

近年、米国や日本などでは、スチールハウスが建設されています。亜鉛メッキなどで防錆処理された板厚1㎜程度の薄板軽量形鋼を使用しています。スチールハウスはボルトをほとんど使用せず、ドリルビスで組立てます。軽量みぞ形鋼を2つ抱き合わせて、柱や主要な梁を構成します。梁、柱および間柱からなるパネルに合板を設置しているため、外力に強くて耐震性も高くなっており、3階建ての集合住宅まで設計可能です。

要点BOX
- ●軽量形鋼は薄い鋼板を冷間で折り曲げて成形
- ●軽量形鋼の板厚は1.6～4.5㎜
- ●スチールハウスは亜鉛メッキ薄板軽量形鋼使用

図１　軽量形鋼の種類

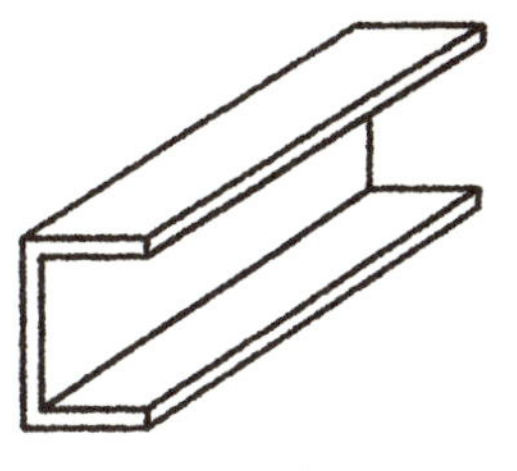
軽みぞ形鋼

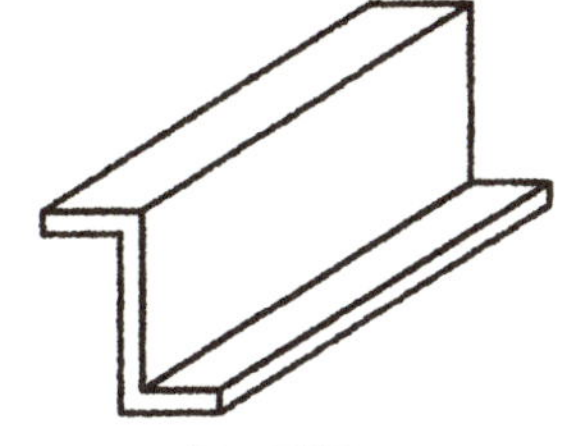
軽Ｚ形鋼

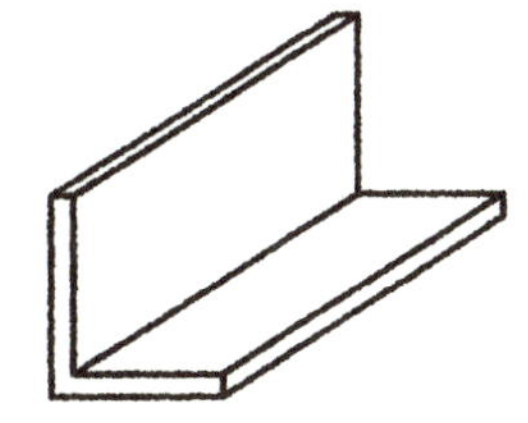
軽山形鋼

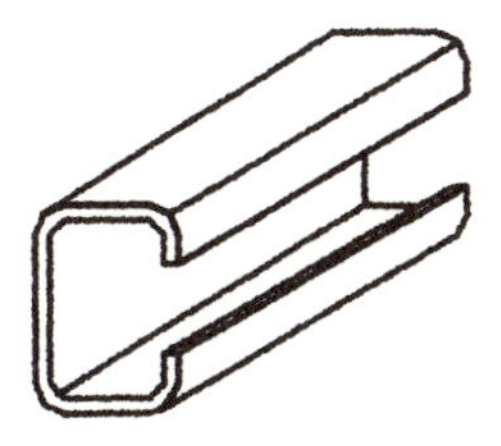
リップみぞ形鋼

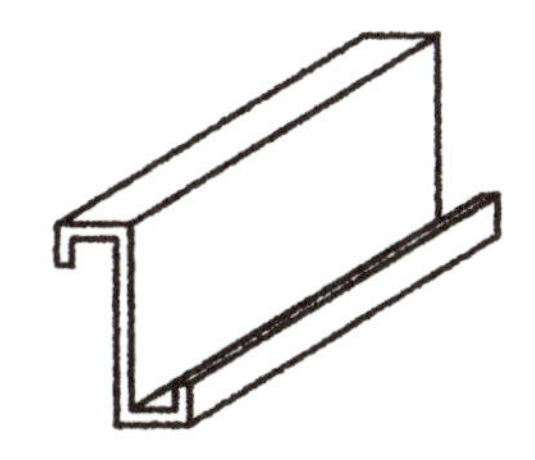
リップＺ形鋼

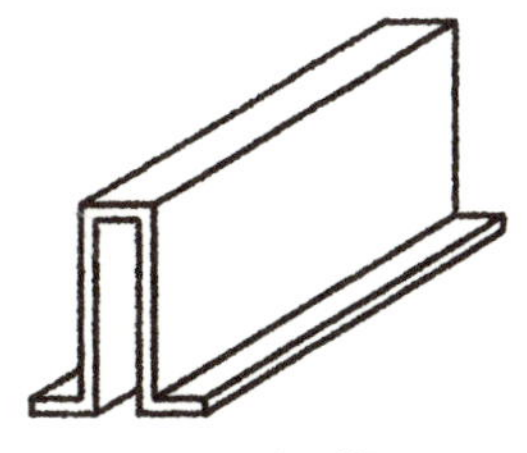
ハット形鋼

図２　鉄骨造倉庫の構造例

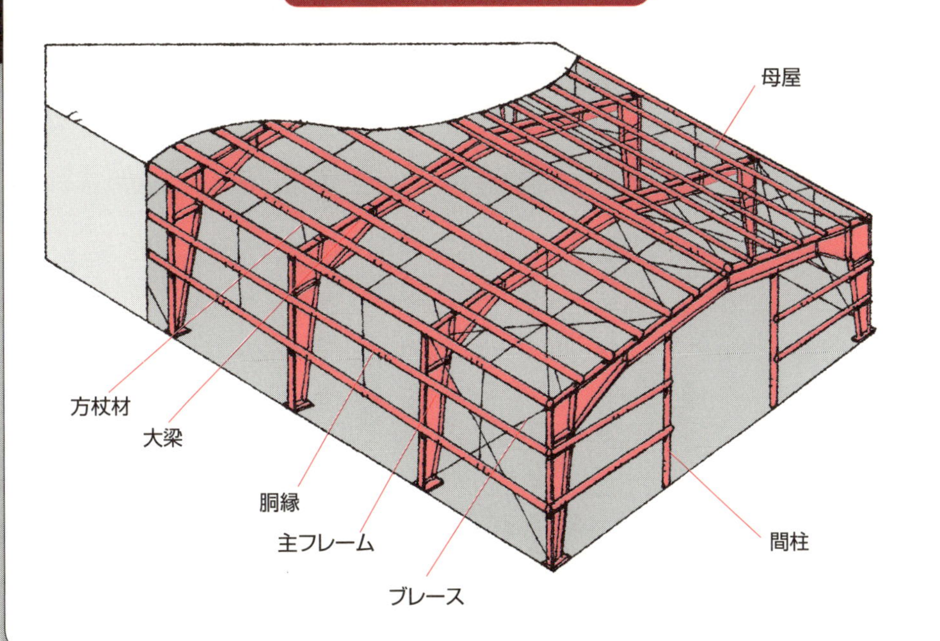

18 建築用鋼管

高層建築の柱部材に鋼管もしくは角形鋼管が使われる

建築材料として用いられる鋼管には、円形鋼管と角形鋼管があります（図1）。共に太くて大きいものは高層建築の柱部材として用いられています。場合によっては柱の根元部分にコンクリートを詰めて、合成部材の一種であるコンクリート・フィルド・チューブ（CFT）として強度や耐震性を高めた部材として用いられます。

JISに規定された材料を中心に鋼管の製造方法、用途などを説明します。鋼管は、製造方法により継目無鋼管と溶接鋼管に大別されます（図2）。継目無鋼管は熱間仕上継目無鋼管と冷間仕上継目無鋼管に分けられます。溶接鋼管は鋼板を管状に成形、溶接して作るもので、成形方法と溶接方法によって、鍛接鋼管、電気抵抗溶接管（電縫鋼管）、アーク溶接鋼管に分類されます。鍛接鋼管は加熱した鋼帯を円形に変形させ、その両端部に酸素を吹き付けて瞬間的に高温にした後、強力に突き合わせて（鍛接）製造します。電縫鋼管は常温の鋼帯を円形に成形した後、接合直前に局部的に大電流を流して両端を抵抗溶接するものです。

アーク溶接を行う鋼管のうち、UOE鋼管は、厚板をUの字にプレスして、接合部をアーク溶接した後、内側からエキスパンダー（E）で拡張します。直径1500㎜まで製造可能です。スパイラル鋼管は、鋼帯を引き出しながら螺旋状に成形し、両端をアーク溶接した鋼管です。

建築構造用鋼管の用途は、高層建築の柱、鋼管杭、鉄塔、海洋構造物などであり、UOE鋼管、スパイラル鋼管、電縫鋼管が用いられます。配管用鋼管は、ガス管、水道管、建築の屋根などのトラス構造などにも用いられます。円形の鋼管は美観が求められる場合に採用されます。角形鋼管は曲げに対する剛性が高いため、美観が求められない構造部材に採用されることが多くなります（表）。

要点BOX
- ●鋼管には円形鋼管と角形鋼管がある
- ●高層建築の柱、鋼管杭、鉄塔に使われる
- ●UOE鋼管、スパイラル鋼管、電縫鋼管がある

図1　鋼管を用いた鉄骨構造

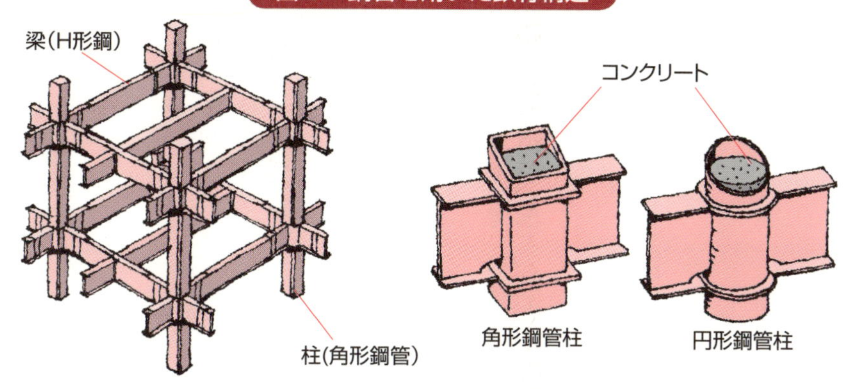

図2　鋼管の製造方法による分類

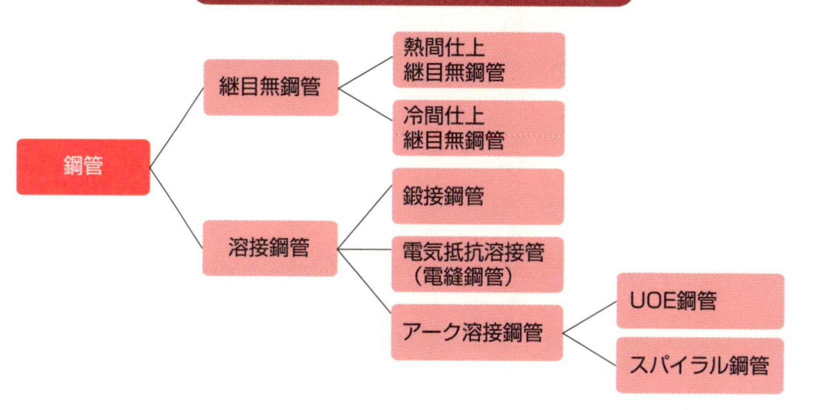

表　鋼管の種類と用途

分類	用途	製造方法
建築構造用鋼管	高層建築の柱、鋼管杭、鉄塔、海洋構造物	UOE鋼管、スパイラル鋼管、電縫鋼管
配管用鋼管	ガス管、水道管、建築の屋根などのトラス構造	継目無鋼管、電縫鋼管、鍛接鋼管、UOE鋼管
油井管 パイプライン	石油掘削用設備、石油輸送管、天然ガス輸送管	継目無鋼管、電縫鋼管、UOE鋼管
機械構造用鋼管 熱伝達用鋼管	自動車用部品、機械部品、火力発電用ボイラ配管	継目無鋼管、電縫鋼管

19 基礎工事用山留め

山留め材は建築物の地下や基礎の建設に必要

山留め工事は、建築物の地下階や基礎などを建設するための空間の確保を目的として行われます。一時的な仮設工事であるとの観点から、その重要性への認識が不足がちです。しかし、山留め工事は他の仮設工事に比べて、地盤や既設構造物の沈下など周辺に与える影響が大きいため、慎重に計画を進めることが重要です。

比較的採用事例が多い山留め壁オープンカット工法の概念図で説明します（図1）。山留め壁が倒壊しないように支持するH形鋼部材を、山留め材と呼びます。山留め壁にブラケットを取付け、その上に腹起しという山留め材を設置します。その腹起しに切梁（きりばり）を取り付けます。この切梁は所々で支柱により支えられます。また、腹起しと切梁に火打受ピースを設置して、その間に火打梁を取り付けます。切梁に設置したジャッキで、山留め壁に作用させる力を調整します。

腹起し、切梁、支柱、火打梁などは山留め材であり、レンタル品として調達が可能です。山留め材は、そのH形鋼のフランジやエンドプレートに規定寸法通りの多くの孔が開けられており、これらの部材同士をボルトによって接合します。

一方、山留め壁の代表的なものとして、鋼矢板があります。U形鋼矢板は断面形状が対称であり、扱いも容易なため最も使われている山留め壁です（図2）。４００～６００㎜おきにある継手を嵌めて、壁体を構成します。地盤への施工は騒音が小さいバイブロハンマーなどの専用機械を使用します。

高層ビルなどの建築工事では山留め工事が必ず行われます。この上に乗入れ構台を設置して、仮設の覆工板を敷きならべ、搬入トラックやクレーンを設置します。したがって、山留め材は土圧や水圧だけではなく、建設中に上載される仮設資機材に対しても安全性を確認する必要があります。

要点BOX
- ●山留め壁をH形鋼部材で支持する
- ●腹起し、切梁、支柱、火打梁などが山留め材
- ●山留め壁には鋼矢板が多く使われる

図1　山留め壁オープンカット工法

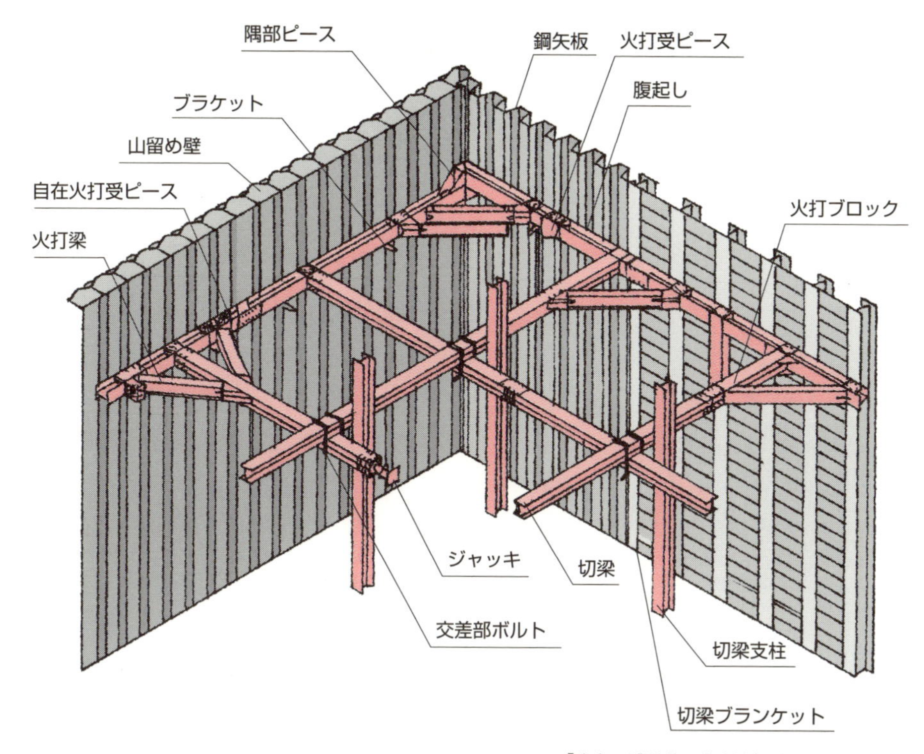

「山留め設計施工指針」(日本建築学会)

図2　U形鋼矢板

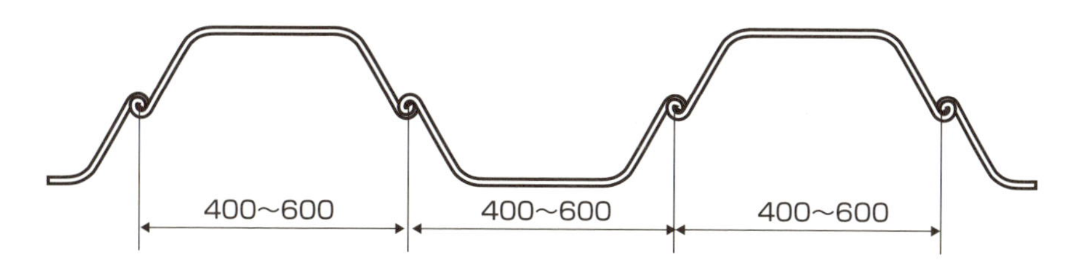

用語解説

乗入れ構台：地下に空間がある場所に設置される鉄鋼製の作業台。工事用車両やクレーンはそこに乗り入れて工事を行うことができる。

20 ステンレス鋼

ステンレス鋼は耐食性、耐熱性、加工性、強度に優れる

ステンレス（stainless）とは「錆びない」と言う意味です。厳密には「錆びにくい」という意味も含まれます。ステンレスは鉄（Fe）を主成分（50%以上）とし、クロム（Cr）を10・5%以上含む錆びにくい合金です。鉄にクロムを添加すると、クロムが酸素と結合して表面に薄い保護皮膜（不動態皮膜）を生成します。不動態皮膜は100万分の3㎜程度のごく薄いものですが、大変強靭で錆びの進行を防ぎ、一度こわれても周囲に酸素があれば自動的に再生する機能をもっています。

ステンレス鋼は耐食性以外にも耐熱性、加工性、強度など優れた特性を備えています。意匠性にも優れ、メンテナンスが容易であることも大きな特徴です。環境に対する社会の関心が高まるなか、100%リサイクル可能な材料として高く評価され、大変注目されています。

ステンレス鋼は鋼材のJIS規格だけでも100種類以上の鋼種があり、さらに各社が開発した独自鋼種があります（表）。これら数多くの種類のステンレス鋼がそれぞれ適した用途に使い分けられています。なお、ステンレス鋼は一般の鋼と比べれば、極めてすぐれた耐食性を有する材料ですが、特定の環境、使用条件の下では「錆びる」こともありますので、使い方に注意する必要もあります。

ステンレスは台所から原子力、宇宙開発まで多くの分野に用いられています。各種ステンレス鋼の中で、建築部材として適用可能と考えられるステンレス鋼は、オーステナイト系、フェライト系、二相系です（図2）。近年開発された二相系は耐食性と強度が高く、溶接性や曲げ加工性もよいので、主要な建築部材としての適用が増えています。普通の鋼材のような降伏点がないので、永久ひずみの値が0・2%となる強度を便宜的に「耐力」と呼んで、設計における鋼材強度の指標にしています。

要点BOX
- ●ステンレスはクロムを含む錆びにくい合金
- ●クロムが酸素と結合し表面に不動態皮膜を作る
- ●二相系は耐食性、強度、溶接性、加工性がよい

図1 ステンレスの特徴

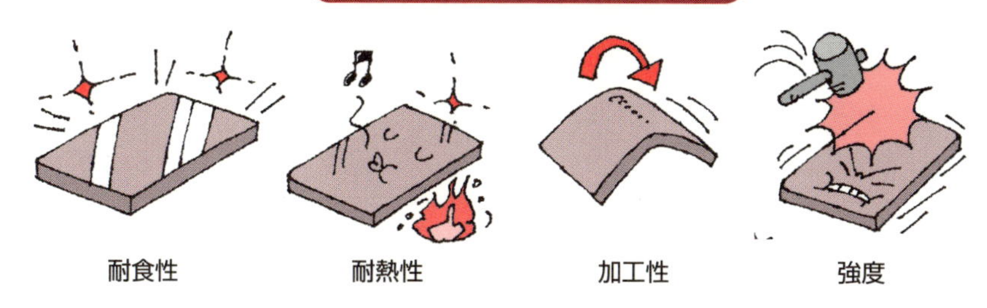

表 ステンレスの種類

種類	オーステナイト系	フェライト系	マルテンサイト系	二相系
代表的な鋼種	SUS304	SUS410L	SUS420JI	SUS329J4L
耐力(N/㎟)	205	195	225	450
引張強さ(N/㎟)	520	360	420	620
伸び	40	22	18	18
硬化性	冷間加工硬化	非焼入硬化	焼入硬化	非硬化
磁性	なし	あり	あり	あり
溶接性	○	△	×	○
曲げ加工性	○	○	×	○
主な用途	建材、車両 化学・食品工業 プラント	厨房、家庭用品 排ガス材、建材	刃物、ボルト、 バネ	貯水タンク 海水プラント 化学工業

「テクニカルサポート108 ステンレス鋼土木構造物の設計・施工指針(案)」(日本鋼構造協会)

図2 ステンレス鋼の耐力と耐食性

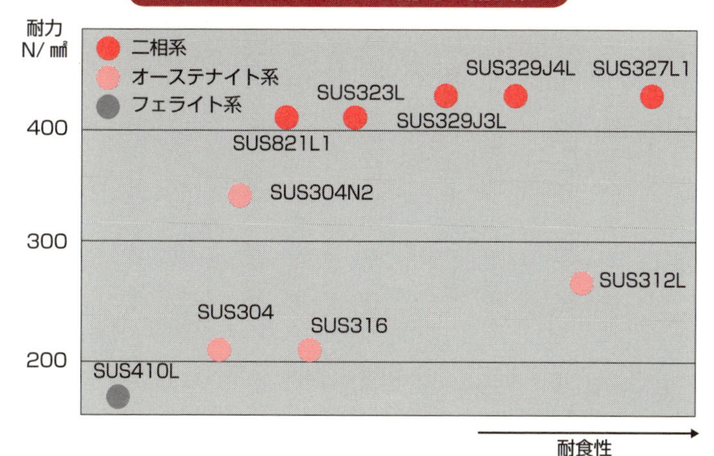

「テクニカルサポート108 ステンレス鋼土木構造物の設計・施工指針(案)」(日本鋼構造協会)

21 耐候性鋼

建築分野では耐候性鋼をコールテン鋼と呼ぶ

耐候性鋼は、鋼を緻密な組織で生産して、表面に保護性錆びを形成するように調合された合金鋼です（図1）。鋼に耐候性元素の銅、ニッケル、クロムを添加することにより、鉄の弱点である錆びを、自ら作り出す緻密な保護性錆びで抑制する特性を有しています（図2）。建築分野ではコールテン鋼とも呼ばれています。塗装せずにそのまま使用していくと、表面が錆びます。その表面錆びが比較的緻密で、腐食が内部に進行しない鋼材です。錆びの色は茶褐色で独特の美観を持っています（写真）。

耐候性鋼は常に濡れていると腐食しますが、適当に乾燥していれば無塗装で使用できるので、塗装などのメンテナンス費を抑えられます。耐候性鋼独特の保護性錆びは空気中の酸素と結びついて発生し、大気中の水分を吸収し乾湿を繰り返しながら生成されます。初めは赤褐色ですが、経年変化によって茶色から暗褐色と色調が少しずつ変化します。

海水は保護性錆び層を破壊する塩化物イオンを含むため、海岸部では耐候性鋼を無塗装で使うことはできません。しかし近年、ニッケルを多く添加（1～3％）して、耐塩分特性を高めた耐候性鋼材も開発されています。これは「ニッケル系高耐候性鋼」と呼ばれ、海浜部の橋梁などに適用されています。ただし、海水の飛沫が直接付着するような厳しい環境では無塗装のものは適用困難です。

コールテン鋼は銅を2％程度含み、建築物外壁や内陸部の橋梁に用いられています。米国では鉄道車両にも用いられています。特に砂や石炭を運ぶホッパ車は塗料が剥がれやすいため、耐候性鋼が採用されるようになりました。また、緑の自然環境と違和感なく調和するのでガーデニング用として人気が高まっています。近年は、環境に優しいエコ素材としてロシア、東欧諸国でも理解され広がりを見せています。

要点BOX

●鋼に耐候性元素の銅、ニッケル、クロムを添加
●経年変化によって茶色から暗褐色と変化
●耐塩分特性を高めたニッケル系高耐候性鋼

図1　耐候性鋼と普通鋼の表面錆層比較

●耐候性鋼

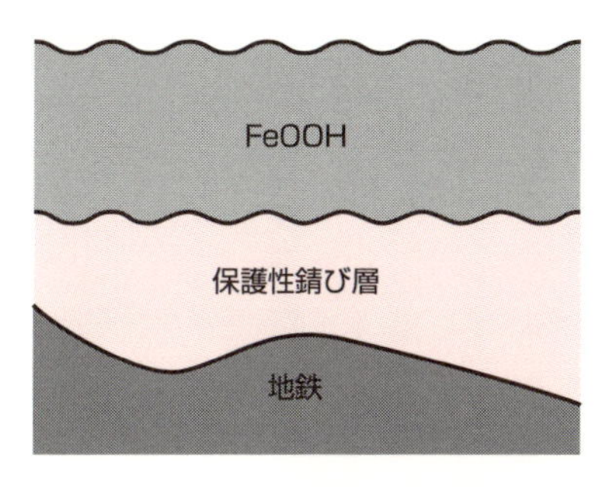

●普通鋼

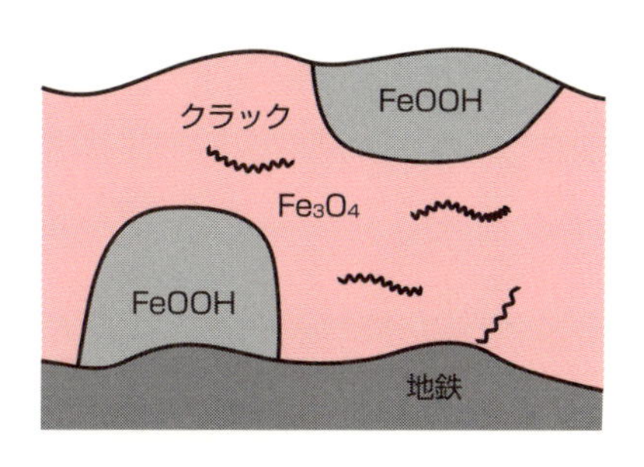

図2　耐候性鋼と普通鋼の腐食率

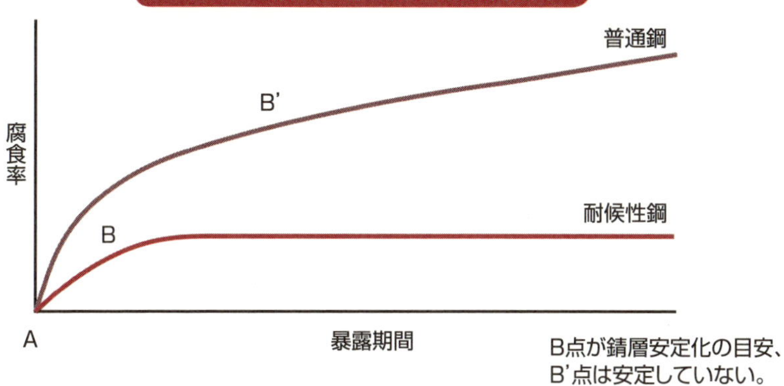

B点が錆層安定化の目安、
B'点は安定していない。

写真　耐候性鋼の使用例

北海道百年記念塔
(外壁に耐候性鋼を使用、
建設後50年経過)

22 高力ボルト

建築鉄骨のボルト接合には高力ボルトを使用

H形鋼などの建築鉄骨部材の接合は、ボルトを用いた機械的接合と、溶接に代表される冶金的接合があります。鉄骨部材の強度が高くても接合部が弱ければ全体としての安全性が確保できません。

鉄骨構造の現場接合には、主に引張強度が高い高力ボルトが用いられます。また、建築鉄骨のボルト接合方法には、摩擦接合継手、支圧接合継手、引張ボルト接合継手などがあります。一般には、添接板と呼ばれる板を用いて、高力ボルトによる摩擦接合継手が用いられます（図1）。この継手は、普通鋼、亜鉛メッキ鋼、ステンレス鋼などの部材に応じて、接合面の処理方法と高力ボルトの種類が規定され、部材間に生じる摩擦力で応力を伝達します。摩擦接合継手の特徴は以下の通りです。

①鋼材間のすべりが生じない。
②繰返し荷重による疲労強度が高い。
③作業が容易で管理しやすい。
④溶接よりも工期短縮ができる。

高力ボルトは、焼入れ、焼きもどしを行って高強度化しています。高力ボルトには、六角頭の高力ボルト（F8T,F10T）と、丸頭のトルシア形高力ボルト（S10T）があり、機械的性質、耐力、引張強さなどの品質は、前者がJＩSに、後者が日本鋼構造協会規格（JSS）に規定されています（図2）（表）。高力ボルトの締付け管理には、トルク法、ナット回転角法、耐力点法などがあります。

六角高力ボルトで一般的なトルク法では、ナットを回転させるトルク値をトルクレンチで管理します。ナットランナーなどの工具を使う場合は、トルクレンチでキャリブレーションを行います。一方、トルシア形高力ボルトでは専用のシアーレンチを用い、ピンテールにて回転の反力をとって締付け、ピンテールをねじ切ることで所定の軸力が導入されるようボルト製造時に品質管理されています。

要点BOX
●高力ボルトによる摩擦接合継手が一般的
●六角高力ボルトと丸頭のトルシア形高力ボルト
●高力ボルトは所定の軸力を導入する

図1　高力ボルトによる摩擦接合

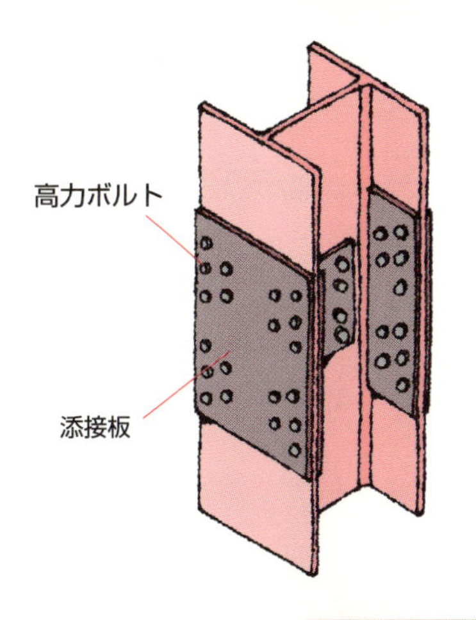

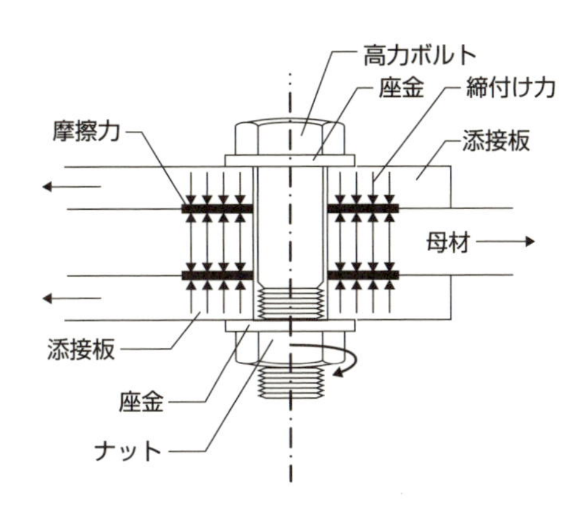

図2　高力ボルトの形状

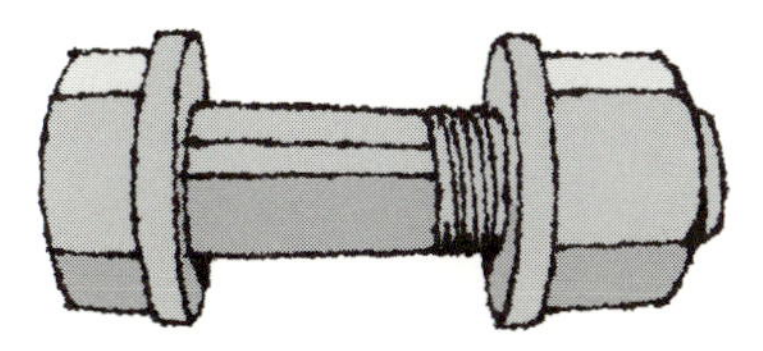

六角高力ボルト

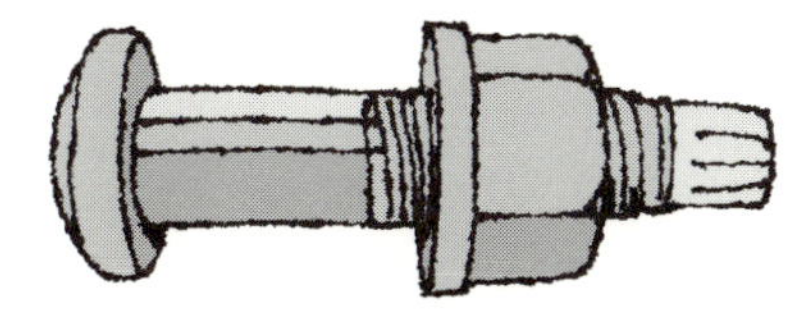
トルシア形高力ボルト

表　高力ボルトの性能

種　類	ボルトの等級	耐力（N/㎟）	引張強さ（N/㎟）	伸び（%）	絞り（%）
1種	F8T	640以上	800〜1000	16以上	45以上
2種	F10T,S10T	900以上	1000〜1200	14以上	40以上

23 鋼材の溶接

建築鉄骨工場ではガスシールドアーク溶接が多い

建築用鋼材の溶接にはアーク溶接が用いられます。アーク溶接の種類は、溶接棒を用いる被覆アーク溶接、溶接用ワイヤを用いた半自動のシールドアーク溶接、フラックスの中で自動溶接するサブマージドアーク溶接があります。最も多く使われているのがガスシールドアーク溶接になります（図1）。

被覆アーク溶接は、溶接金属をフラックス材で被覆した溶接棒を溶接ホルダで掴み、溶接棒と鋼材間に電圧を加え、鋼材と溶接棒を接近させてアークを発生させることで大電流を流します。アークは強い光と熱（約6000℃）を発し、この高熱で溶接棒と鋼材の一部を溶かしながら、溶接金属で接合部を埋めて一体化します。

溶接用ワイヤを自動送給する半自動のシールドアーク溶接は、作業者がホルダを手で持って溶接します。作業が容易で効率がよく、溶け込みも深いので多量の溶接を行う工場溶接に適しています。

サブマージドアーク溶接は、溶接線前方に粒状のフラックスを連続的に供給し、その中に溶接用ワイヤを送給して、鋼材との間にアークを発生させます。大電流を流すため溶け込みが深くなりますが、フラックスの中で溶接するので、アークを直接見ることがなく安全です。

溶接継手には形状によって多くの種類があります。完全溶け込みを行う突合せ溶接継手には鋼材の板厚や溶接姿勢に応じて、I形、レ形、V型、K形、X形など様々な開先形状があります。1回の溶接線でできる溶接金属の厚みは5㎜程度なので、厚板の突合せ溶接では多層盛りの溶接を行う必要があります。そのため、溶接後の変形が少なく、溶接金属も少なくて済む開先を選定する必要があります。一方、直角になっている鋼板間を溶接するすみ肉溶接には、かど継手、重ね継手、T継手、十字継手などがあります（図2）。

要点BOX
- ●炭酸ガス（CO_2）シールドアーク溶接が一般的
- ●突合せ溶接継手には様々な開先形状がある
- ●すみ肉溶接は、かど継手、T継手、十字継手など

図 1　溶接の種類

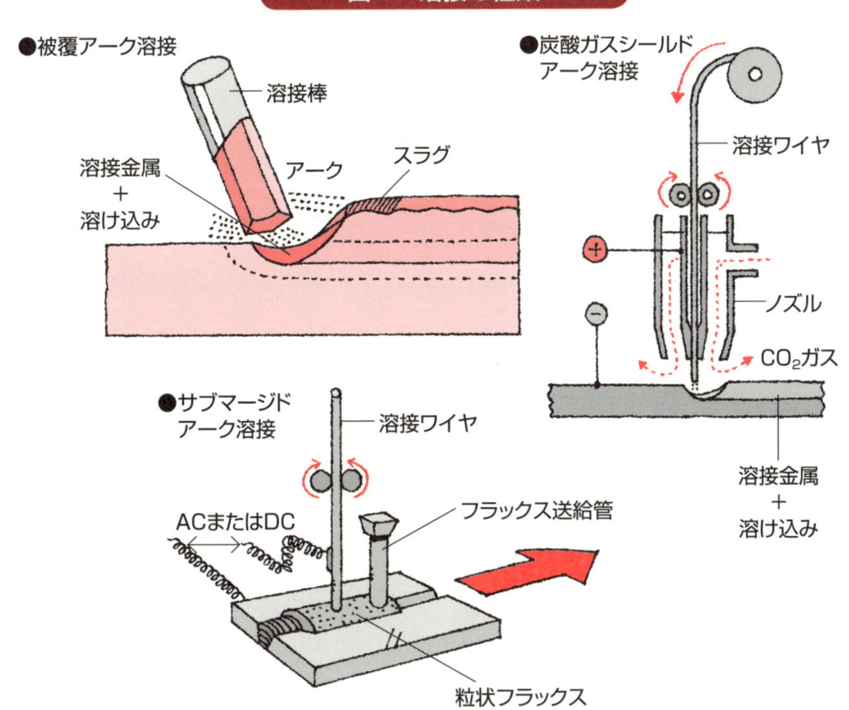

図 2　溶接継手の種類

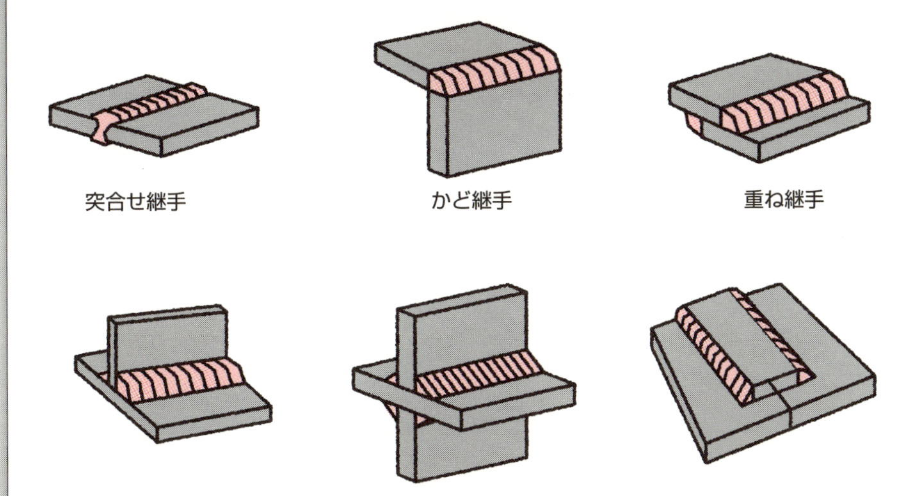

24 木造用接合金物

強度とじん性を確保するために配置

木造建築では、規模の大小にかかわらず耐震などの構造設計を行う必要があります。木造軸組み工法では、基礎の上に土台をアンカーボルトで緊結し、土台の上に柱を立て、その上に横架材を載せ、骨組みを形成します。土台や横架材の上に床を組み、最上階には屋根を組みます。このような骨組みでは横架材に設けたほぞ孔に柱を差し込みます。ここに筋かい材を用いてトラス構造の耐力壁を設けます。梁は床を支え、曲げに抵抗するために連続させ、柱の上下を筋かいや角座金とボルトで接合します。木造では、接合部を母材より強くすることは難しいので、必要な強度とじん性を確保して仕様規定を満たすことが必要です。そのために、構造用金物を適切に配置するように定められています。

構造用金物には様々な種類がありますが、主なものは次の通りです（図）。アンカーボルトは基礎に埋め込むもので、基礎と土台を緊結します。ホールダウン金物は、基礎から土台を貫通して柱を緊結させます。上下階の柱同士を緊結させるものです。筋かい金物は、筋かいで構成される耐力壁の補強に使います。かすがい、L字型、T字型、V字型金物は、梁と柱を固定します。羽子板ボルトは、梁と柱をより強固に緊結する金物です。

耐力壁両端の柱の接合金物を決定する方法は、平成12年建設省告示第１４６０号により選択する方法があります。これは耐力壁に用いる筋かいの寸法や本数および構造用合板の有無などで壁倍率を求め、１階か２階の出隅柱もしくは中間柱の区分で、使用する金物を選定するものです。

構造用金物には、木造在来軸組み工法用のZマーク金物や、木造枠組み壁工法用のCマーク金物などがあります。ＪＩＳ規格の鋼材に亜鉛メッキによる防錆処理を施した金物が一般的であり、ＪＩＳ認定工場で製造されています。

要点BOX
- ●アンカーボルトは基礎と土台を緊結する
- ●ホールダウン金物は柱を緊結する
- ●羽子板ボルトは、梁と柱をより強固に緊結する

図　代表的な金物の種類

●アンカーボルト、ホールダウン金物

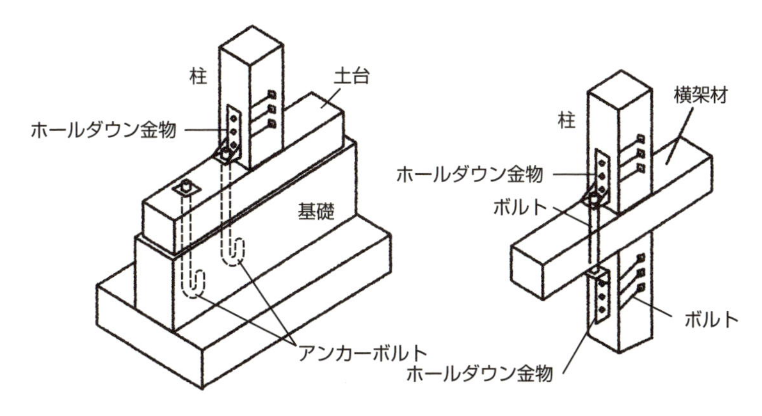

●筋かい金物、かすがい、L字型、T字型、V字型金物

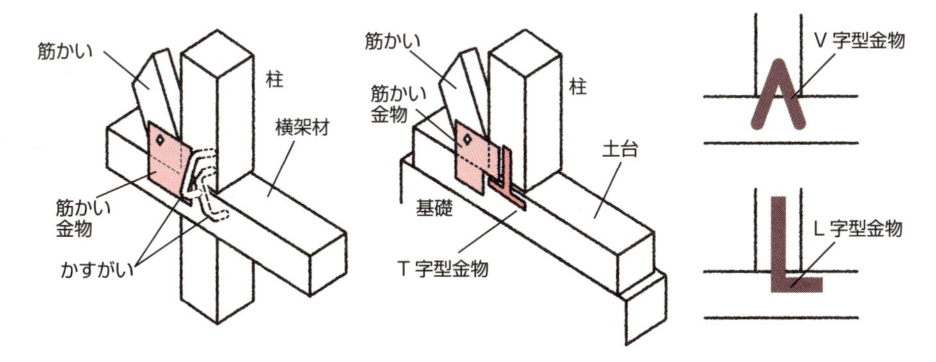

●羽子板ボルト、短ざく

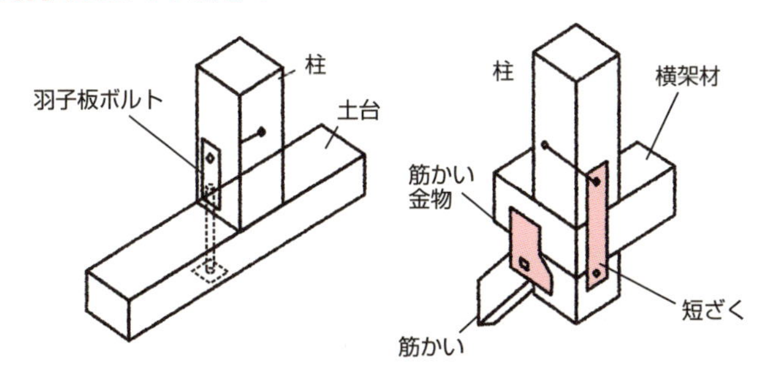

25 張力構造用ケーブル

構造用ケーブルで大空間建築を創出する

大空間を創出する建築構法の代表として張力構造があります。張力構造は、柱以外の主部材に圧縮や曲げを作用させないもので、引張り力により成立する構造です。低コストで軽量であることから注目されており、大スパン構造に適用されます。古くからパビリオンや競技場の建築に用いられており、日本では１９６４年の東京オリンピック開催に合わせて建設された国立代々木競技場や、東京ドームの大屋根などが有名です。

このような張力構造建築の引張り材には、炭素鋼、高強度鋼、ステンレス、アラミドなどのケーブルが使われています。小径の線材を束ねて、平行線のストランドロープとして用いる場合や、より合わせてワイヤーロープにしたものがあります（表）。構造用ケーブルの端部は柱、梁、またはアンカーなどの構造体に接合する必要があります。このケーブル端部にはソケットかシングルロック加工の定着部を設けて接合します。

ストランドロープは芯ストランドと側ストランドが同じ構成のより線ケーブルで、取り扱いが容易であり、定着部はシングルロック加工が可能で汎用性が高いです。スパイラルロープは同一の素線を各層ごとに被せ、１ストランドでケーブルを構成しています。比較的強度が高く、定着部は主にソケット加工を用います。ロックドコイルロープは外側にZ型などの異形線を使用したもので、曲げ剛性が高く耐食性に優れており、定着部はソケット加工に限定されています。被覆平行線ケーブルは、素線を束ね合わせる際にほとんどよりを加えず、素線強度を１００％生かしています。ポリエチレン被覆されているため現場での防食が不要で、定着部はソケット加工に限定されています。ストランドロープ、スパイラルロープ、ロックドコイルロープは、ポリエチレン、フッ素樹脂などで被覆加工することも可能です。

要点BOX

- ●材料は炭素鋼、高強度鋼、ステンレス、アラミド
- ●ケーブルは高強度で小径の素線を束ねて構成
- ●ケーブル端部にはソケットかシングルロック加工

表　建築構造用ケーブルの種類

種類	代表的な断面	破断荷重（kN）	直径（㎜）	端部加工		特徴
				シングルロック	ソケット	
ストランドロープ		52～3440	9～100	○	○	・芯ストランドと側ストランドが同じ構成 ・取り扱いが容易 ・汎用性が高い
スパイラルロープ		161～8730	14～100	△	○	・同一の素線を各層ごとに被せる ・1ストランドでケーブルを構成 ・比較的強度が高い
ロックドコイルロープ		1020～8010	34～100	×	○	・外側にZ型などの異形線を使用 ・曲げ剛性が強い ・耐食性に優れる
被覆平行線ケーブル		423～30100	31～188	×	○	・素線を束ね合わせる際にほとんどよりを加えない ・素線強度を100%発揮 ・ポリエチレン被覆されている ・現場での防食が不要

26 コンクリート建築に必要な鉄筋

引張り力やせん断破壊に抵抗するため鉄筋を配置

鉄筋は棒状の鋼材で、細い鉄筋（直径10㎜）から太い鉄筋（直径51㎜）まで12種類の太さがあります。また丸鋼（ＲＢ）と表面に突起がある異形鉄筋（ＤＢ）があります（図1）。丸鋼よりコンクリートとの付着力が高いので、一般には異形鉄筋が用いられます。異形鉄筋はメーカーによって凹凸の形状が異なっています。異形鉄筋の強度は一般的に4種類あります（表）。コンクリート構造の設計計算を行って、材質、鉄筋径、鉄筋間隔、および鉄筋長さを図面に記載します。

コンクリートの中に配置され目にすることが少ない鉄筋ですが、構造上とても重要な役割を持っています。コンクリートは圧縮に強いのですが、引張り力に弱いので鉄筋を入れることによって成り立っています。また人間の内臓を守る肋骨と同じように配置する帯筋が必要になります。これが無いとコンクリートが斜めにずれるように壊れるせん断破壊が起こります。このように引張り力に抵抗するために配置する主筋と、せん断破壊に抵抗するために配置する帯筋があります。帯筋は主筋と直角方向に配置する補助鉄筋であり、一筆書きのように曲げ加工してから型枠内に配置します（図2）。

鉄筋の長さは3・5ｍから12ｍまであり、0・5ｍ毎の長さで在庫があって、部材に配置する寸法で注文します。長さが足りない場合は、重ね継手、ガス圧接継手、溶接継手、または機械式継手という方法で接合します。

一般的にはハッカーという特殊な専用工具で、鉄筋同士を結束線で固定して組み立てます。型枠と鉄筋の間の距離をかぶりと呼びます。かぶりが小さすぎると、ひび割れ部から浸入する水分などで鉄筋が腐食しやすくなり耐久性が低下します。そのため、スペーサと呼ばれる鉄筋の位置を決める資材を用いて、かぶりを確保します。

要点BOX
- ●鉄筋には丸鋼と異形鉄筋がある
- ●長さには規格があり、足りない場合は接合する
- ●コンクリート部材には主筋と帯筋が配置される

図１　鉄筋の形

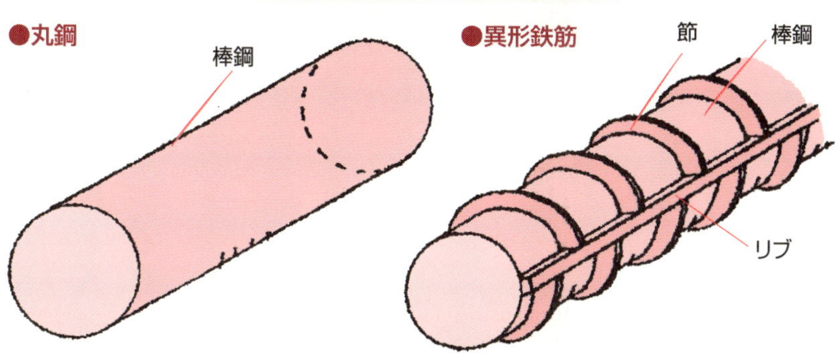

表　鉄筋の強度

鋼種		降伏点(N/㎟)	引張り強さ(N/㎟)
丸鋼	SR235	235以上	380～520
異形鉄筋	SD295A	295以上	440～600
	SD345	345以上～440	490以上
	SD390	390～510	560以上
	SD490	490～625	620以上

図２　鉄筋を用いたコンクリート構造例

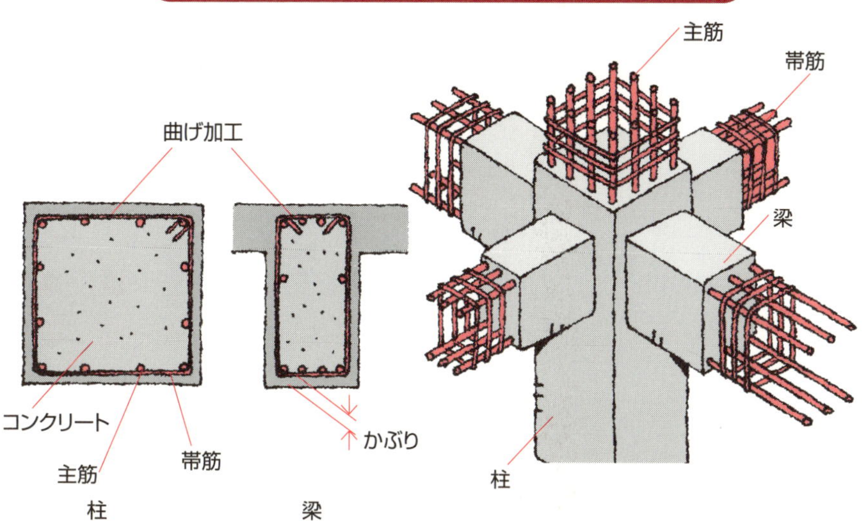

27 アルミニウムなど非鉄金属

マンガン、マグネシウムなどを加えたアルミニウム合金

建築で用いられる非鉄金属には、アルミニウム、銅、亜鉛、チタンなどがあります。この中でアルミニウムと銅は比較的よく使われています。亜鉛やチタンは防食材料として利用されますが、構造材などの建材には不向きです。

アルミニウムは鋼板に次いで多く使用されている金属材料です。近年ではほとんどの住宅で出入り口や窓回りにアルミニウム合金が利用されています。アルミニウムの比重は2・7で、鋼材の約3分の1と軽量です。材料が柔らかく加工が容易で、熱伝導率が低いため熱遮断材料として利用できます。

アルミニウムの強度や耐食性を向上させるため、マンガン、マグネシウムなどを加えてアルミニウム合金として利用しています（表）。純アルミニウム（1000系）は反射板や照明器具に使われますが、強度が低く構造用材料には適していません。ジュラルミンと呼ばれる銅系アルミ合金（2000系）は、鋼材に近い強度を発揮し、構造用材料に使われます。しかし、比較的多くの銅を利用することから耐食性が低く、厳しい腐食環境では防食処理が必要になります。アルミサッシに用いられるマグネシウム・ケイ素系アルミ合金（6000系）は、強度と耐食性が良好な合金です。その他、屋根や外壁などのアルミ外装材、アルミ天井仕上げ材、アルミ製カーテンウォール、アルミフェンスやカーポートなどは、マグネシウム系、マンガン系もしくはケイ素系のアルミニウム合金から製造されています。

銅は古くから人間が使用してきた金属材料です。銅鏡、銅鐸などの装飾品から、神社、寺院などの屋根材として利用されてきています。これらは、板金の技術で加工されています。銅は常温で展延性に富んでおり、加工がたやすく、熱伝導率が高いです。新しいものは赤褐色ですが、炭酸ガスの中で表面が緑色に変色し、耐食性がよくなります（写真）。

要点BOX
- ●アルミニウムの比重は2.7で軽量
- ●強度や耐食性向上のために使う
- ●銅は炭酸ガス内で緑色に変色し耐食性が向上

表　アルミニウム合金の種類

合金系	主な添加元素	性質	主な用途
1000 系 (純アルミ系)	アルミニウム (純度99.0%以上)	耐食性、熱や電気伝導性、溶接性、加工性がよい。	壁用役物、カーテンウォールパネル、各種タンク、家庭用品
2000 系 (Al-Cu系)	銅	熱処理合金系で軟鋼に匹敵する強度を有するが、耐食性は中程度である。	ピストン、プロペラ、強度材、自転車部品
3000 系 (Al-Mn系)	マンガン	非熱処理合金系で、強度は中程度だが耐食性に優れる。成形性、溶接性もよい。	屋根材、壁材、板建材、家庭用品、アルミ缶胴
4000 系 (Al-Si系)	ケイ素	非熱処理合金系で溶融点が低い。ブレージング皮材、溶加材として使用される。	カーテンウォールパネル、溶加材
5000 系 (Al-Mg系)	マグネシウム	非熱処理合金系で強度があり、とくに海水に対する耐食性に優れる。	屋根材、外壁建材、乗用車、鉄道車両、バス、船舶、ブラインド
6000 系 (Al-Mg-Si系)	マグネシウム ケイ素	熱処理合金系で、強度が高く押出性のよい合金である。	アルミサッシ、形建材、建築構造材、乗用車、車両構造材
7000系 (Al-Zn-Mg系)	亜鉛 マグネシウム	熱処理合金系で最高の強度をもつ合金がある。溶接部の強度が高い。	車両構造材、建築構造材、航空機、バット、メタルスキー

写真　銅材を使用した建築物

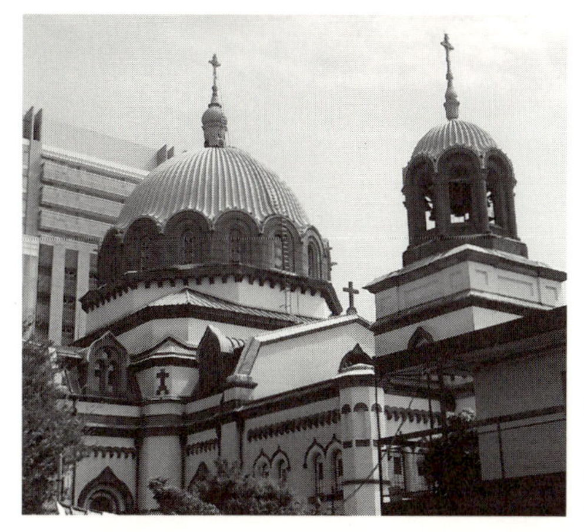

東京復活大聖堂教会(東京都千代田区)

銅が屋根材として使用されており、青緑色の屋根が美しいことで知られる。

Column

マリーナベイサンズの架設

シンガポール政府が誘致した巨大カジノを含む統合リゾートであるマリーナベイサンズで一番の注目は、ホテルタワー3棟の頂上に位置する空中ガーデン「サンズ・スカイパーク」でしょう。

55階建ての傾斜した3つのビルの頂上を結んで、大きな船型の空中庭園を建設したのは、日本企業のJFEエンジニアリングです。まさに地上200メートルにおける超難関工事でした。スカイパークは全長340m、幅38mであり、庭園エリア、レストラン、プールなどを備え、実に3900人を収容します。庭園には250本以上の木々などの植物が植えられています。また、容量約160万リットルの3つのプールは、200メートルの高さにある屋外プールとしては世界最大規模です。さらに66・5メートルの張出し梁は居住空間を有するものとしては世界最長。その部分にある展望台には最大900人が収容できます。

2011年に全面開業して以来、その斬新な形状、外観および圧倒的なスケール感を持って、シンガポールの新たなランドマークとなり、かつ同国の発展のシンボルとなっています。

スカイパークの構造は多種多様な鉄骨および橋梁による鋼構造群で構成されています。本プロジェクトは使用鋼材8000トンにもおよぶ鋼構造躯体を地上200mのホテルタワーの頭上に建設するという世界でも類を見ないものです。

スカイパークは、非対称で複雑な曲面で構成されるデザインが特徴です。その建設には、BIM(ビルディング・インフォメーション・モデリング)が存分に力を発揮しています。日本の技術者や職人は2次元の図面に描かれた様々な情報を頭の中で3次元化し、ものづくりを行う例が多いですが、東南アジアではBIMによる3次元データが工場でも現場でも有効となりました。

サンズ・スカイパーク

第 4 章

建築に欠かせないコンクリート

28 コンクリートの歴史

コンクリートは古代の材料？

コンクリート（Concrete）という単語は、ラテン語のConcrescere（徐々に強くなるの意）に由来し、固化材とその他の材料を混ぜ合わせた複合材料と言えるでしょう。広義のコンクリートの歴史は諸説あるものの、約9000年前のイスラエル・イフタフ地方や約5000年前の中国・大地湾地方が発祥と言われています。現代のセメントに似た組成を持つ固化材を用いた例としては、ローマ時代の遺跡が有名です（図）。消石灰、火山灰、火山堆積物などの水と反応して固まる物質（水硬性物質）を混入した固化材を使用した構造物が発掘されており、古代ローマコンクリートと呼ばれています。

一方、現代の鉄筋コンクリート造建築物に使われるコンクリートの起源については、1800年代以降の様々な動向に由来します。近現代のコンクリートに至る黎明期の歴史は次のようになります（表）。まずは、セメントが1824年にジョセフ・アスプディン（J.Aspdin）によって発明されました。これが現代でも最も使用されるポルトランドセメントの原形です。その後様々な改良が加えられ、各国で量産化が図られました。この契機となったのが鉄筋コンクリートの発明であり、フランスの庭師であったジョセフ・モニエ（J.Monier）が金網入りの植木鉢を造り、特許を取得したのが始まりとされています。その後、モニエの特許権を買ったいくつかの企業のうち、商業的に成功したのはフランソワ・エンネビック（F.Hennebique）が事業化した鉄筋コンクリートの建設システムと言われています。モニエの発明を理論的に整理したのがマティアス・クーネン（M.Koenen）であり、圧縮力をコンクリート、引張力を鉄筋でそれぞれ支持する、現在の鉄筋コンクリートの構造に関する基礎理論を構築しました。日本では、明治中期に横浜港の岸壁に鉄筋コンクリートを使ったのが最初と言われています。

要点BOX
- ●コンクリートの起源は紀元前にさかのぼる
- ●植木鉢から始まった鉄筋コンクリート
- ●ポルトランドセメントが現代のインフラの礎

図　ローマ時代の広義のコンクリート建築

2000年以上も前に作られ、現存しているものもある
石材の目地部に消石灰と火山灰を用いた固化材を使用

表　近現代のコンクリートの歴史

年	セメント	鉄筋コンクリート
1824	アスプディン(イギリス)がポルトランドセメントの発明・特許取得	
1825	イギリスでポルトランドセメントの製造開始	
1844	ジョンソン(イギリス)が焼成温度を高めてポルトランドセメントの品質を改良	
1848	フランスでポルトランドセメントの製造開始	
1849		モニエ(フランス)が内部に金網を配したコンクリート製の植木鉢を考案
1850	ドイツでポルトランドセメントの製造開始	
1855		ランボー(フランス)がパリ万国博覧会に鉄網補強コンクリート製のボートを出品
1867		モニエ(フランス)が金網入りの植木鉢の特許取得
1871	アメリカでポルトランドセメントの製造開始	
1875	日本でポルトランドセメントの製造開始(東京都・深川)	
1879		エンネビック(ベルギー)が鉄筋コンクリート造建築物の試用を開始
1887		クーネン(ドイツ)が「モニエ・システム」と題した鉄筋コンクリートの構造計算および施工方法の手引き書を発刊
1890	ギロン(フランス)がせっこうの添加による凝結遅延効果を発見	横浜港で鉄筋コンクリート造の岸壁を建設
1949		日本でレディーミクストコンクリート工場(東京都・業平橋)の操業開始

29 コンクリートの構成材料

コンクリートは汎用的かつ土着的な材料!?

コンクリートは、水、セメント、細骨材（砂）および粗骨材（砂利）が基本の構成材料です。このほか、空気泡をコンクリートへ導入する作用や固まる前のコンクリートの流動性を高める作用のある液剤（化学混和剤）を加えて均一に練り混ぜます。コンクリートのほかに、建築物によく使われるセメントを結合材とした材料には、セメントペーストおよびセメントモルタル（一般にはモルタルと呼びます）があり、加える材料によって名称が異なります（表）。

コンクリートの構成材料は、セメントが工業製品、それ以外は天然材料に大別できます。水（練り混ぜ水と呼びます）は、工業用水や地下水を使うことが一般的です。細骨材および粗骨材（総称して骨材と呼びます）には、川、山、陸などからそれぞれの形状のまま産出する砂、砂利と、岩石を人工的に粉砕して製造する砕砂、砕石があります。近年では、砂や砂利の産出量が減少しており、首都圏では砕砂や砕石を使うことが大半です。骨材は、適切な硬さ、粒度、粒形を有し、コンクリートの硬化を妨げる有害物が含まれていないことを確認してから使用します（写真）。

セメントの原料は、石灰石、粘土、酸化鉄、けい石、せっこうなどです。このうち、石灰石が最も多く含まれており、重量換算で75%程度を占めます。セメントの製造工程は、原料の粉砕→焼成→仕上げ→出荷という流れです。焼成工程では、1450℃前後の高温で原料を焼成します。これを急冷して得られたセメントの原形をクリンカーと言います。仕上げ工程では、クリンカーにせっこうを添加し、細かく粉砕し粉体状にします。せっこうには、セメントの急結を調整する役目があります。

コンクリートは、セメントが入手できれば地球上のほとんどの地域で造ることができる、極めて汎用的かつ土着的な材料と言えるかもしれません。

要点BOX
- ●コンクリートは、水、セメント、骨材が原料
- ●セメント以外は天然材料に分類される
- ●セメントの主原料は石灰石

表　構成材料の違いによる名称

名称	水	セメント	細骨材(砂)	粗骨材(砂利)
コンクリート	○	○	○	○
モルタル	○	○	○	
セメントペースト	○	○		

写真　基本の構成材料

ポルトランドセメント

コンクリートは骨材とセメント、水を混ぜ、硬化させることで作られている。

砕砂

砂

砕石

砂利

30 コンクリートの調合

コンクリートの調合とは材料の構成割合を定めること

　コンクリートの調合とは、コンクリートを構成する材料の構成割合を定めることを指し、1㎥（1、000L）あたりの各材料の容積と質量を表します。コンクリートの調合を決定するには、まだ固まらない状態（フレッシュコンクリートと呼びます）の軟らかさや流動性などの特性に加え、硬化した後（硬化コンクリートと呼びます）の強度や耐久性などを勘案して複合的な観点から判断します。なお、コンクリートには、29項で述べた構成材料のほかに空気泡が混入され、これを含めて構成材料の割合を定めます（図1）。

　コンクリートの調合と各種性状には密接な関係があります。図中の①を左右に動かすと強度が変化する理由は、水セメント比です。水セメント比は、水の質量をセメントの質量で除した百分率で求めます。コンクリートの圧縮強度は、水セメント比が大きいと小さくなり、逆に水セメント比が小さくなると大きくなります（図2）。この法則のことを水セメント比理論と言い、1919年にエイブラムス（D.A.Abrams）によって導き出されました。水セメント比理論は、現代においてもコンクリートの調合を決定する際に用いられており、極めて重要な発見とされています。図中の②を左に動かすと、粗骨材に比べて細かい粒である細骨材の量が増えますので、軟らかい状態（変形しやすい状態）のフレッシュコンクリートが得られます。図中の③を下に動かすと、セメントペーストの量が増えますので流動性が増します。図中の④を極端に上に動かすと、コンクリート中の空気泡が減ります。凍害によってコンクリートが凍結・融解し、膨張・収縮を繰り返した際に生じる力に対する緩衝域が減るため、コンクリート表面が脆くなることがあります。この作用を凍結融解作用と言い、これに対する抵抗性を高めるには4・5％程度の空気量を含むことが有効です。

要点BOX
- ●調合にはフレッシュコンクリート、硬化コンクリートの性状を考慮する必要がある
- ●水セメント比が強度を左右する

図1　コンクリートの調合

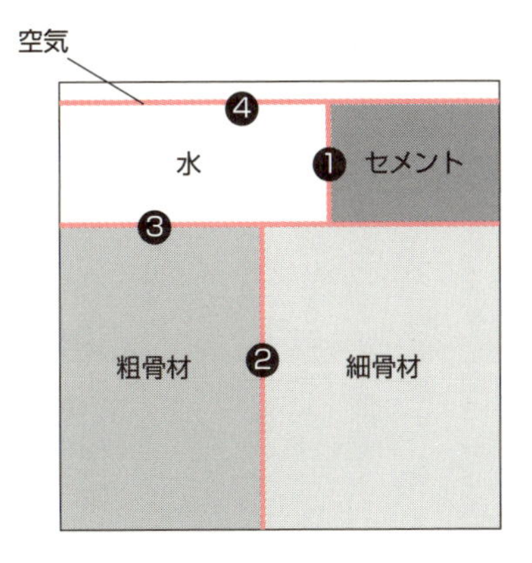

〈各種性状の変化〉

①：強度が変化（右へ動かすと強度が低下する）
②：フレッシュコンクリートの変形状態が変化（左へ動かすと変形しやすくなる）
③：フレッシュコンクリートの流動性が変化（下へ動かすと流動性が増す）
④：凍害に対する抵抗性が変化（極端に上へ動かすと凍害に対する抵抗性が低下する）

図2　水セメント比と圧縮強度の関係

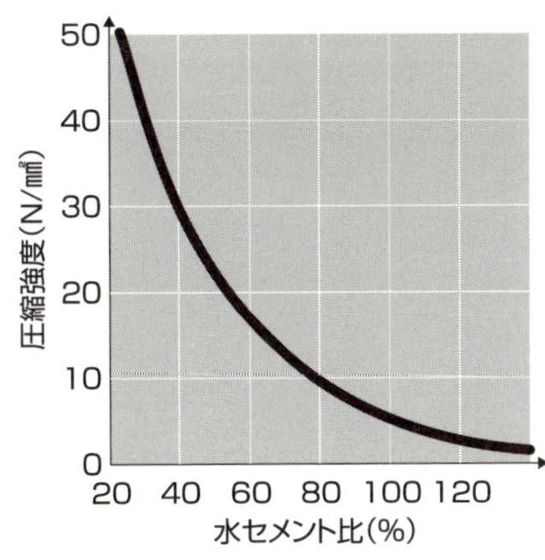

$$\text{水セメント比(\%)} = \frac{\text{水の質量}}{\text{セメントの質量}} \times 100$$

水セメント比と圧縮強度は、反比例していることが分かる。

31 コンクリートの種類

様々な観点から分類できる

コンクリートの種類は、様々な観点で分類できます（表）。性質や品質による分類では、流動性、単位容積質量、強度に分けられます。流動性は、スランプの値によって区分できます。スランプとは、底面の直径20㎝、上面の直径10㎝、高さ30㎝の円錐状の鋼製の型枠（スランプコーン）にフレッシュコンクリートを詰めた後に、型枠を引き上げ、残ったフレッシュコンクリートの上面の下がり量です（図）。スランプの値が大きいほど流動性が高い（軟らかい）フレッシュコンクリートになります。スランプの値が小さい方から超硬練り、硬練り（かたね）、中練り（ちゅうね）、軟練り（なんね）、高流動と呼び方が変化します。単位容積質量による分類は、1㎥あたりの質量で区分し、軽量、普通、重量コンクリートと呼び分けます。単位容積質量が2・1〜2・5t/㎥の普通コンクリートを使う建築物がほとんどです。強度による分類は普通と高強度に分けられます。建築物では普通コンクリートを使用することが大半ですが、超高層ビルの基礎部分や低層階など荷重が大きく作用する部位には高強度コンクリートが使われます。

特定の用途による分類では、道路の舗装に用いる舗装コンクリート、容積の大きな部材に用いるマスコンクリート、鋼管内にコンクリートを充填させて構造性能を向上させる鋼管充填コンクリートなどに分けられます。使用条件による分類では、コンクリートを打ち込む季節によって暑中コンクリートと寒中コンクリート、施工現場で薬剤を投入して流動性を高める流動化コンクリートがあります。

製造方法による分類では、生コン工場で製造するレディーミクストコンクリート、部材を工場または施工現場にて製造し所定の位置に取り付けるプレキャストコンクリート、施工現場で練り混ぜる現場練りコンクリートに分けられます。多くの建築物ではレディーミクストコンクリートが使われます。

要点BOX

- ●スランプ値によって超硬練り、硬練り、中練り、軟練り、高流動に区別される
- ●重さ、強度、用途、製造方法で分類される

表　性質、品質による分類

分類	コンクリートの名称		概要
流動性による分類	超硬練りコンクリート		スランプ0～2.5cm程度
	普通コンクリート	硬練りコンクリート	スランプ5～10cm程度
		中練りコンクリート	スランプ12～15cm程度
		軟練りコンクリート	スランプ18～21cm程度
	高流動コンクリート		スランプフロー50～65cm程度
単位容積質量による分類	軽量コンクリート		気乾単位容積質量2.1t/m^3以下
	普通コンクリート		気乾単位容積質量2.1～2.5t/m^3
	重量コンクリート		気乾単位容積質量2.5t/m^3超
強度による分類	普通コンクリート		呼び強度18～45(JIS)
	高強度コンクリート		呼び強度50～60(JIS)または、設計基準強度36N/mm^2超(日本建築学会)

図　スランプの計り方

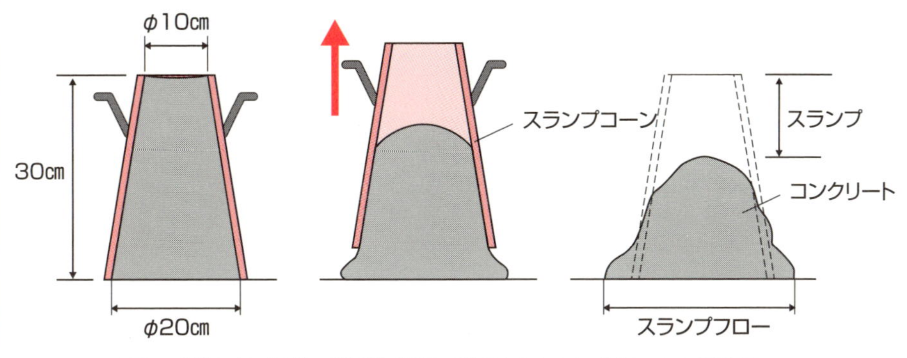

スランプが大きいほど、流動性が高い(軟らかい) コンクリートと言える。

32 レディーミクストコンクリート

日本産業規格に規定されるコンクリートの一種

建築基準法では、建築物の柱や梁などの主要構造部に使用するコンクリートは、日本産業規格（JIS）に適合するもの、国土交通大臣が定める技術的基準に適合するもののいずれかを用いることと定められています。一般の建築物のほとんどは、前者のJISに適合するレディーミクストコンクリート（規格番号：JIS A 5308、以下レミコン）です。レミコンは、「コンクリート製造設備を持つ工場（一般には生コン工場と呼ばれます（図））から、荷卸し地点における品質を指定して購入することができるフレッシュコンクリート」と定義されています。すなわち、生コン工場で製造されたレミコンをミキサ車（トラックアジテータ）によって施工現場まで運搬し、コンクリートを排出した地点（荷卸し地点）までの品質を規定するものとなります。

JIS A 5308は、種類、製品の呼び方、品質、材料、製造方法、試験方法、検査事項と方法、報告事項などについて規定されています。このうち、種類と品質について紹介します。レミコンの種類は、コンクリートの種類、粗骨材の最大寸法、スランプまたはスランプフロー、呼び強度の組合せによって定まります（表）。スランプフローは、スランプコーンを引き上げた後のコンクリートの底面の直径で表し、直径が大きいほど流動性の高いコンクリートです。呼び強度とは、強度区分に応じた製品の呼び名であり、実際の圧縮強度とは異なります。品質は、荷卸し地点における圧縮強度、スランプ、スランプフロー、空気量、塩化物含有量によって規定されています。圧縮強度は荷卸し地点では供試体の作製だけを行い、一定の期間（一般には28日後）が経過した後に試験を行います。その他の項目は、荷卸し地点で試験を行い、品質基準を満たさないレミコンは生コン工場へ返却できます。

要点BOX
- ●現場に到着した時点の品質で決まる
- ●骨材寸法、軟らかさ、強度で区分する
- ●品質基準を満足しないと返却できる

図　生コン工場の製造設備の例

・骨材サイロ
細骨材、粗骨材を貯蔵する設備

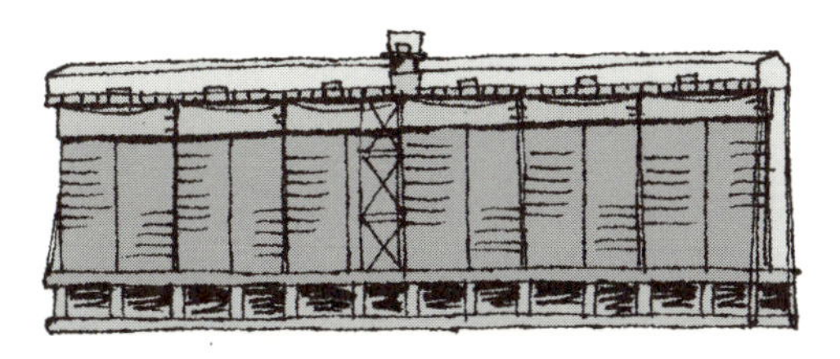

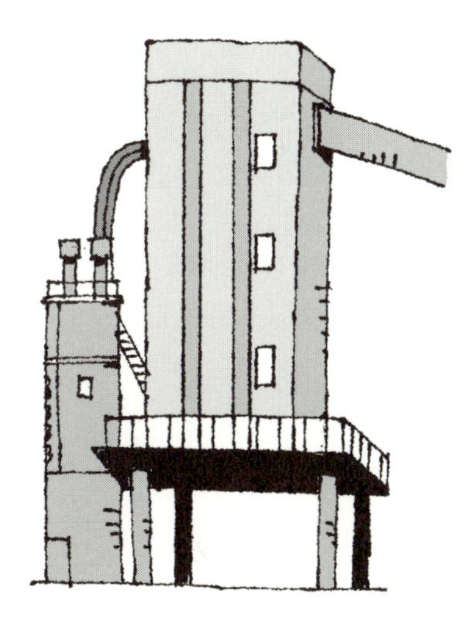

・バッチャープラント
材料の計量、コンクリートの練り混ぜ、
ミキサ車への積込みを行う装置

表　レミコンの種類と区分

コンクリートの種類	粗骨材の最大寸法(㎜)	スランプまたはスランプフロー(cm)	呼び強度													
			18	21	24	27	30	33	36	40	42	45	50	55	60	曲げ4.5
普通コンクリート	20、25	8、10、12、15、18	○	○	○	○	○	○	○	○	○	○	−	−	−	−
		21	−	○	○	○	○	○	○	○	○	○	−	−	−	−
		45	−	−	−	○	○	○	○	○	○	○	−	−	−	−
		50	−	−	−	−	−	○	○	○	○	○	−	−	−	−
		55	−	−	−	−	−	−	○	○	○	○	−	−	−	−
		60	−	−	−	−	−	−	−	○	○	○	−	−	−	−
	40	5、8、10、12、15	○	○	○	○	○	−	−	−	−	−	−	−	−	−
軽量コンクリート	15	8、12、15、18、21	○	○	○	○	○	○	○	○	−	−	−	−	−	−
舗装コンクリート	20、25、40	2.5、6.5	−	−	−	−	−	−	−	−	−	−	−	−	−	○
高強度コンクリート	20、25	12、15、18、21	−	−	−	−	−	−	−	−	−	−	○	−	−	−
		45、50、55、60	−	−	−	−	−	−	−	−	−	−	○	○	○	−

33 プレキャストコンクリート

プレキャストコンクリートは専用の製造設備で作られる

プレキャストコンクリート（以下、ＰＣａ）は、工場や施工現場内の製造設備によって、あらかじめ製造されたコンクリート部材です。なお、ＰＣ鋼材によって圧縮力を導入したプレストレストコンクリートのことをＰＣと表記して、ＰＣａとは区別しています。ＰＣａ部材には、柱、梁、床、バルコニー、階段など（写真）のように建築物の各部に対応したものや、道路の側溝、縁石、集水枡などの土木工事に対応したものなど、極めて多くの種類があります。施工現場でレディーミクストコンクリートを打ち込む工法（在来工法や現場打ちなどと言います）に対してのＰＣａの特徴として、工期短縮、高品質化、省資源化などが挙げられます。工期短縮は、施工現場で鉄筋や型枠を組み立てる作業が不要となること、部材を取り付ける位置とは異なる場所で製造されるため、他の作業を同時に行えること、タイルや石材などを張り付けたＰＣａでは施工現場で仕上げの工程を省略できることなどによります。高品質化は、ＰＣａの製造に特化した場所で品質管理を行うため、均一で安定した品質を確保できることによります。省資源化は、ＰＣａを製造する際には一般的に鋼製の型枠が用いられるため、型枠を複数回に渡って長く使えることによります。

一方で、日本では２０１３年の統計によれば、セメントの全消費量に占めるコンクリート製品の割合は、欧米諸国が25～50％であるのに対して13％程度に留まっており、現場打ちに比べて適用例が少ないのが現状です。この理由として、ＰＣａ同士またはＰＣａと現場打ちコンクリートとの接合部が複雑化すること、労務賃金が安い場合にはＰＣａの方が高コストになることなどがあります。昨今では人手不足が深刻化しているため、今後ＰＣａを適用した建築物が増えるかもしれません（図）。

要点BOX
- ●工期短縮、高品質化、省資源化などに貢献している
- ●日本では欧米諸国に比べて普及率が少ない

写真　PCa部材

梁部材

柱部材(素地仕上げ)

柱部材(一部タイル仕上げ)

バルコニー部材 (タイル仕上げ)

図　PCaのメリット・デメリット

・工期短縮
・高品質化
・省資源化

―

・他のコンクリート部材との接合部が複雑化
・(労務賃金が安い場合)高コスト化

34 フレッシュコンクリート

時間とともに変化する性質の見極めが必要

鉄筋コンクリート造建築物の構造体は、その形状や要求性能に合わせて鉄筋と型枠を組み立てた後にフレッシュコンクリートを打ち込み、コンクリートが硬化した後に型枠を脱型して完成となります。コンクリートは、練り混ぜた瞬間からセメントと水が反応（水和反応と言います）して、経過時間に伴って状態が変化（経時変化と言います）していき、数時間後には多少の外力を加えても変形しない硬さになります。すなわち、フレッシュコンクリートである期間はわずか数時間であって、その間にも徐々に硬くなる性質を持っているのです（図）。この数時間（1・5時間以内が目安）の範囲で、型枠の中にコンクリートを打ち込む必要があります。一方で、フレッシュコンクリートは経時変化のみならず、コンクリートをポンプで圧送する際に生じる圧力でも状態が変化します（写真）。このように、フレッシュコンクリートの状態の変化を見極めながら施工する必要があります。

フレッシュコンクリートに求められる性能は、施工において作業が容易に行え、品質変化が少ないこと、作業終了まで所要の軟らかさを保つことが挙げられます。フレッシュコンクリートの性質を評価する指標には、ワーカビリティー、コンシステンシー、プラスティシティー、ポンパビリティー、フィニッシャビリティーがあります。ワーカビリティーとは、コンクリートの運搬、打込み、締固め、仕上げなどの作業が容易に行える性質を言います。コンシステンシーとは、フレッシュコンクリートの変形や流動に対する抵抗性の程度を表し、スランプ試験で評価します。プラスティシティーとは、材料が分離せず型枠へ容易にコンクリートを打ち込める性質を言います。ポンパビリティーとは、圧送の難易を評価する指標です。フィニッシャビリティーとは、打ち上がり面を平滑に仕上げる作業の難易を表す指標です。

要点BOX

- ●フレッシュコンクリートであるのは数時間
- ●フレッシュコンクリートは経時変化する
- ●5つの指標でフレッシュコンクリートを評価

図　時間と共に変化するコンクリート

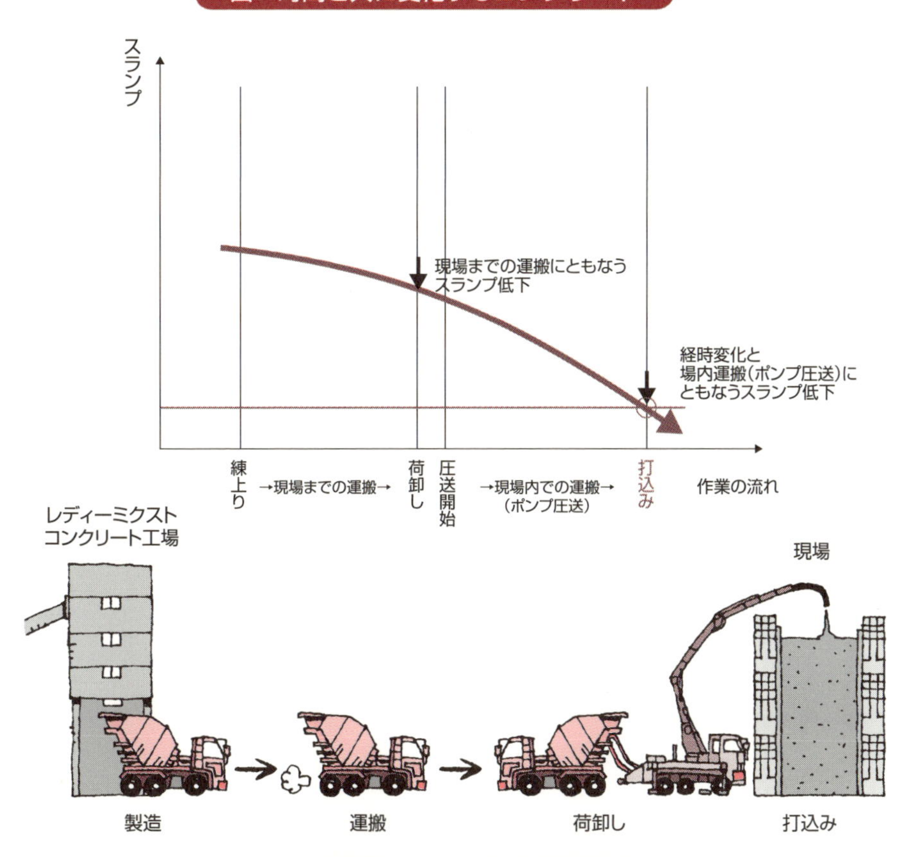

写真　圧送によるスランプフロー変化

荷卸し地点(圧送前)の状態
スランプフロー60㎝

圧送後の状態
スランプフロー40㎝

35 コンクリートの強度

強度のうち圧縮強度が最も重要

コンクリートの強度には、圧縮、引張、曲げ、せん断、支圧などの強度、鉄筋との付着強度、継続荷重や繰り返しの荷重に対する疲労強度など多くの指標が含まれます。しかし、コンクリートの強度と言えば、一般的には圧縮強度のことを指す場合が多いです。これは、圧縮強度が他の強度より卓越して大きいこと、圧縮強度から他の強度をおおむね推定できること、試験方法が簡易であることなどによります。すなわち、コンクリートの強度のうち圧縮強度が最も重要であると言えるでしょう。

実大の構造体は、ある程度の寸法を持つ部材となり、同一の部材でも位置によって圧縮強度が異なるため、圧縮強度をひとつの値として表現するのが難しくなります。このため、コンクリートの圧縮強度は便宜的に円柱の供試体（テストピースとも言います）を用いて求めます。

コンクリートの圧縮強度試験は、ＪＩＳに規定された方法によって行います。圧縮強度は、供試体の上下方向から載荷して得られた最大荷重を供試体の断面積で除して求めます（写真）。圧縮強度の単位は、Ｎ／㎟で表します。供試体の寸法は、直径に対する高さの比が2、かつ粗骨材の最大寸法より3倍以上大きい直径を有するものとして、建築分野ではφ10×20㎝が使われます。また、試験に使用する供試体は3本を1組とします。

圧縮強度は、時間の経過（材齢と言います）とともに長期間にわたって増進しますが、一般的には供試体を作製してから材齢28日目に試験します（図）。圧縮強度に影響する要因には、水セメント比（30項参照）、粗骨材の強度、空気量、養生方法などがあります。なかでも、コンクリートを打ち込んだ後の強度増進には養生方法の影響が大きく、材齢初期に湿潤状態で養生した方が長期強度の増進が大きくなります。

要点BOX
- ●コンクリートの強度は一般的は圧縮強度を指す
- ●強度は小型の円柱供試体によって確認する
- ●養生条件によって強度は異なる

写真　圧縮強度試験

供試体の作製(鋼製型枠)

圧縮強度試験

図　材齢と圧縮強度の関係

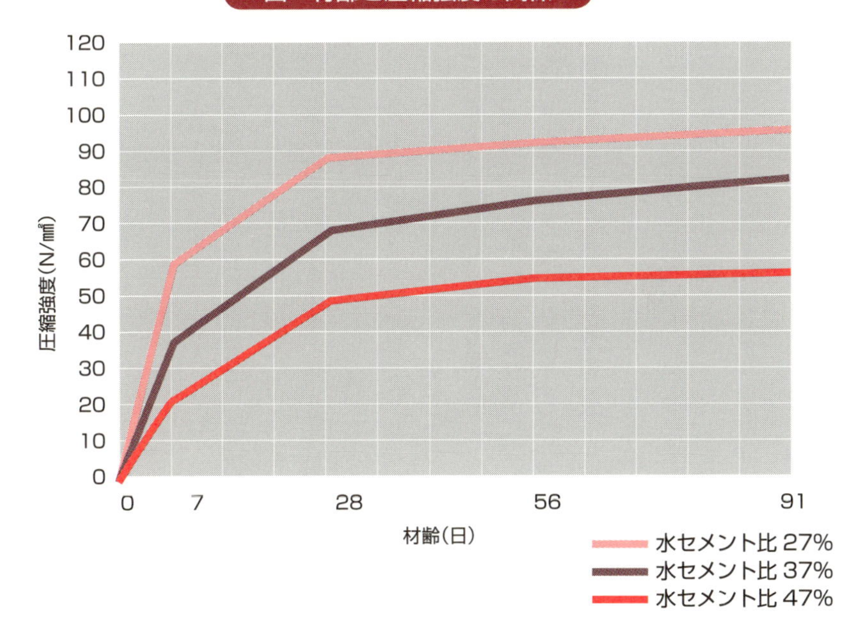

36 コンクリートの施工

労働集約型の作業となる

コンクリートの施工は、総勢で10〜20名程度の多くの関係者が協力して行う典型的な労働集約型（作業者の労働力によって成り立つ作業）の作業です。コンクリートの施工に関係する登場人物とその役割を時系列で見ていきます（図）。

まずは、コンクリートを製造し供給する役割を担うのがレディーミクストコンクリート工場です。コンクリートの購入者（建設会社）の要求する仕様に従って、コンクリートを製造し施工現場へ運搬します。その後、荷卸し地点で所定の試験（受入検査と言います）を実施して、要求された仕様を満たせば、コンクリートを打込む段階に移行します。

コンクリートは、一般的にはコンクリートポンプを使って圧送します。この作業を担うのが圧送工です。圧送工は、コンクリートを送る輸送管の設置とコンクリートが排出される先端部分（筒先と言います）の操作を行います。

筒先から排出されたコンクリートは、部材の隅々まで行き渡らせる必要があります。この役割を担うのがコンクリート工です。コンクリート工は、筒先から排出されたコンクリートをトンボ（T型の手道具、グラウンドを均すのに使われる道具と似たもの）で平らに均していきます。また同時に、棒形振動機（棒状バイブレータとも言います）でコンクリートを締固めていきます。この締固め作業が、コンクリートを密実に充填するために重要な作業となります。この他にコンクリート工は、コンクリートの流量調整や作業員への指示・連絡を行う監督役を担うこともあります。

コンクリートが部材の形状に打ち込まれた後、打込み面を仕上げる作業を行います。この仕上げ作業を担うのが土間左官工です。仕上げは、「荒均し→レベル出し→定規ずり→木ごてによるむら直し→金ごてによる仕上げ押さえ」の順に行います。

要点BOX

- ●施工には10〜20名程度の人力が必要
- ●打ち込むために振動機やポンプを使う
- ●コンクリートの上面はこてで均して仕上げる

図　コンクリート工事の施工体制

37 コンクリートの耐久性

コンクリートの劣化は内外の因子によって生じる

建築物は、一般的に数十年単位の長期間にわたって使われます。日本建築学会では鉄筋コンクリート造建築物の供用期間を4つの級（短期、標準、長期、超長期）に分けて設定しています。短期では30年、標準では65年、長期では100年、超長期では200年としており、ほとんどの建築物では標準級として設計されています。しかし、この期間中は常に、自然環境の影響による劣化因子の中にあると言えます（図）。

劣化因子は、外部の自然環境による影響とコンクリート自体が有するものに大別できます。外部の自然環境から作用する劣化因子には、温度、湿度、二酸化炭素、塩化物イオン、水、酸素などがあります。コンクリート自体が有する劣化因子の代表的な例には、アルカリ骨材反応があります。この反応は、反応性物質を含む骨材がアルカリと水に反応して膨張する現象です。劣化因子が作用して生じる代表的な劣化現象にはひび割れがあります。

ひび割れを引き起こす劣化因子とその作用として、まず大気中の二酸化炭素は、強アルカリであるコンクリートの中性化を引き起こします。コンクリート中の鉄筋は、強アルカリ環境下では錆びませんが、中性化によってアルカリ性が失われると鉄筋の表面を覆う皮膜が破壊され錆びを生じます。錆びは体積膨張を伴うので、この膨張圧力によってコンクリートのひび割れを誘発します。また、コンクリートは乾燥によって収縮します。これを乾燥収縮と言い、劣化作用の中で最も頻度の高いものです。また、コンクリートは多孔質材料（小さな空隙がたくさんある材料）です。この孔の内部に存在する湿気や雨などの水分が凍結温度に達すると膨張し、温度が高くなると溶けます。これが継続して作用するとひび割れを誘発し、表層部が剥がれ落ちることがあります。これを凍結融解作用と言います。

要点BOX
- ●二酸化炭素はコンクリートの中性化の主因
- ●中性化すると鉄筋が錆びることがある
- ●水分が凍結と融解を繰り返しひび割れる

図　コンクリートの耐久性に影響を与える要因

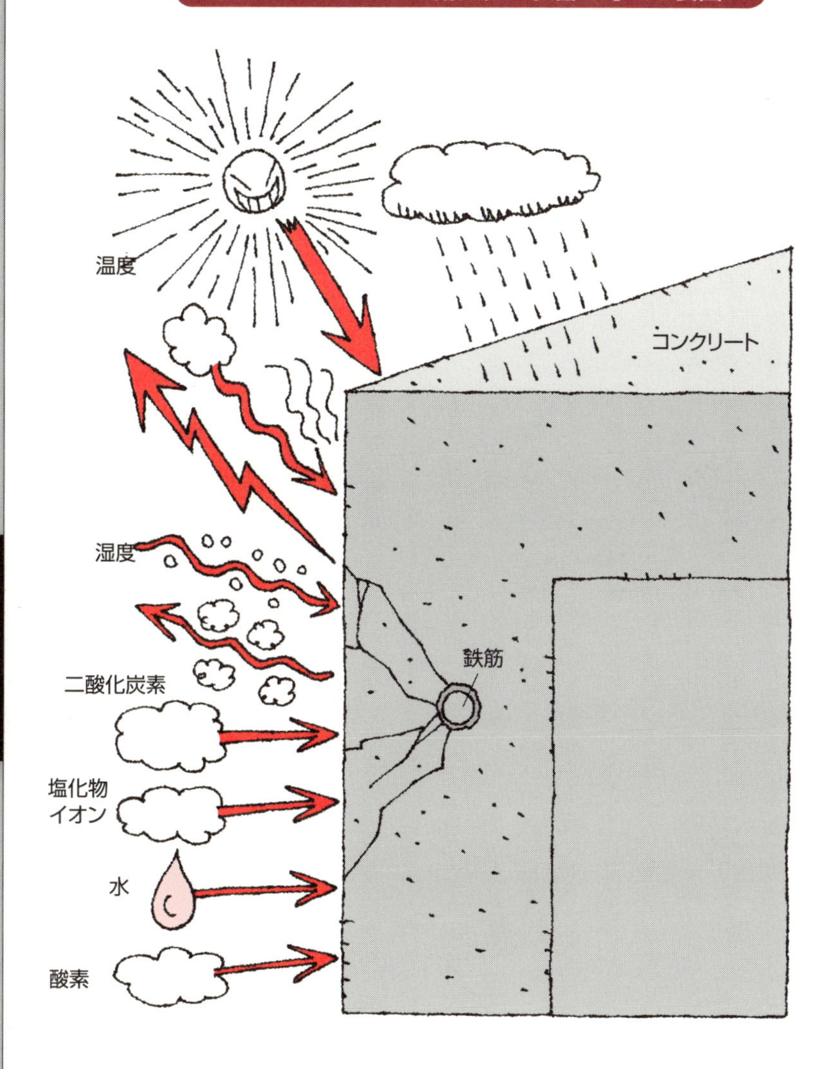

コンクリート内部の劣化	鉄筋の腐食など	コンクリート表層の劣化
・凍害による膨張 ・アルカリ骨材反応による膨張 ・火害における耐力低下	・中性化による鉄筋腐食 ・塩害による鉄筋腐食 ・アルカリ骨材反応による膨張に伴う破断 ・火害における耐力低下	・乾燥収縮によるひび割れ ・凍害によるひび割れ ・凍害によるスケーリング・ポップアウト ・アルカリ骨材反応によるひび割れ ・内部鉄筋腐食に伴う浮き・剥落 ・エフロレッセンス ・酸性雨などによる化学的腐食（泥弱化） ・火害による品質低下

38 コンクリートの仕上がり

材料、施工、経年変化の影響を受ける

コンクリート表面の仕上がりは、建築物の美観に大きく影響します。仕上がりに影響する要因は、コンクリート材料、施工、経年変化に大別でき、水セメント比、使用するセメントや骨材の種類が影響要因としてあげられます。一般的には水セメント比が大きいと表層組織が粗の状態となって白っぽくなり、水セメント比が小さいと表層組織が緻密な状態となり黒っぽく光沢が大きくなります（写真1）。また、使用するセメントや骨材の色がそのままコンクリートの色として現れます。施工の影響には様々な種類がありますが、鉄筋のかぶり厚さが極端に小さいと鉄筋の模様がコンクリート表面に現れることがあります。また、コンクリートを打ち込む際に棒形振動機を長時間挿入するとその周囲が黒っぽく変色する場合があります（写真2）。その他にも、型枠同士の継ぎ目からセメントペーストやモルタルが漏出して色むらとなることや、コンクリートの圧力によって型枠の継ぎ目がずれて段差を形成することもあります。

経年変化の影響には、コンクリート表面への排気ガス、塵埃、微生物（カビやコケ類）の付着などにより変色する場合があります。これらが付着する主たる原因のひとつが水分です。例えば、コンクリートの壁面を伝う水の有無によって汚れの付着状態が大きく異なる場合があります。このため、庇（ひさし）などの突起物を壁面の上部に設けて水の付着を防止することが有効です。1cm程度の突起物があるだけで汚れの状態が大きく変わることがあります。木材の経年変化は好まれる傾向があるのに対して、コンクリートの経年変化は一般に好まれない傾向にあるとの調査例もあり、特にコンクリートの場合には、変色が壁面全体にわたる場合より局部的な方が嫌悪感を持たれるようです。これも設計上の工夫によって避けることができるかもしれません。

要点BOX

- ●水セメント比が大きいと白っぽくなる
- ●施工方法によっては鉄筋の模様が浮き出る
- ●水の制御によって汚れの付着状況が変わる

写真１　コンクリートの表面

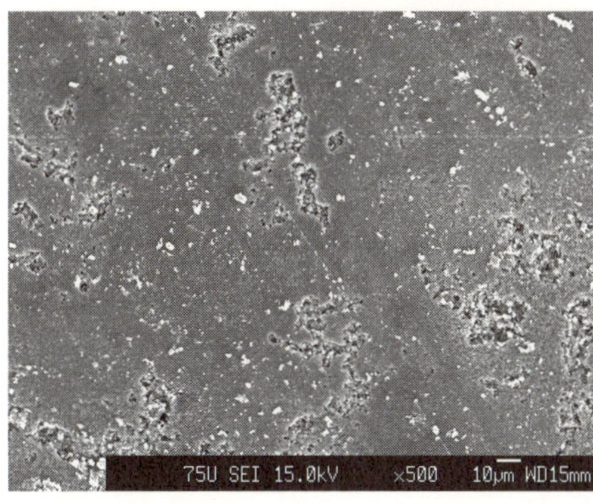

水セメント比75%

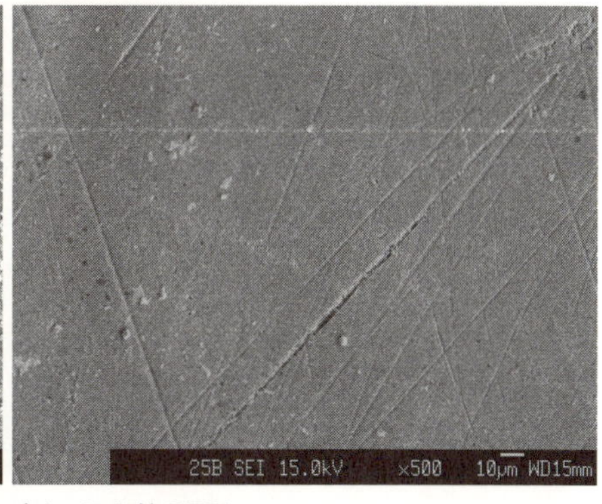

水セメント比25%

いずれも走査型電子顕微鏡による観察写真(倍率500倍)
線は型枠の塗装むらを転写したもの

写真２　施工要因による色むら

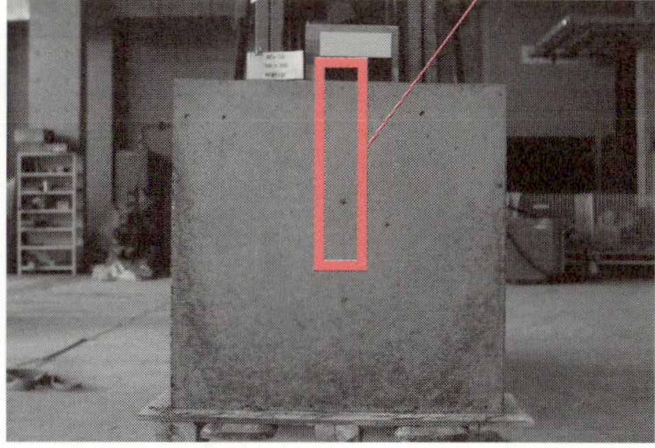

左:鉄筋のかぶり厚さが極端に短いため、鉄筋の模様が浮き出ている。
上:棒形振動機を長時間使用したため周囲が黒く変色している。

Column

ねじれたビル

世界中でねじれたビルが建設されています。流行っていますね。今、建築家の間では、ねじれながら天までそびえたつ超高層ビルを建てるのがブームらしいです。お菓子のひねり揚げみたいです。ねじれながら天までそびえたつような個性的なデザインの超高層ビルは、スウェーデンのマルメにあるターニング・トルソというねじれた形状の高層マンションがブームの火付け役と言われています。このビルは、スペインの建築家サンティアゴ・カラトラヴァによってデザインされ、２００５年にオープンしました。高さ１９３メートル、54階建てです。最上階は１階に対して90度ねじれています。

強烈なインパクトを放つ、コークスクリューのようにグニャリとねじ曲がった曲線を持つ摩天楼は、世界中にいくつもあります。建築家たちはこぞって同じような大胆な高層ビルをデザインしています。日本では名古屋のモード学園スパイラルタワーズが有名ですね。

モスクワ国際ビジネスセンターの中に建設されたエヴォリューション・タワーは、各フロアで３度ずつねじれていて、最上階は１５６度回転しています。

エヴォリューション・タワー（モスクワ）

第5章

建築を引き立てる仕上げ材料

39 木質系ボード

木材の小片や繊維を成形して作成

木質系ボードは、木材の小片や繊維に接着剤や合成樹脂などを添加してボード状（板状）に成形した材料のことを指します（図）。木材の小片を成形した材料には、パーティクルボードやＯＳＢ（Oriented Strand Board）があります（写真）。パーティクルボードの品質は、ＪＩＳ Ａ ５９０８に規定されており、下地用、化粧用（仕上げに使用される材料）、構造用の3種類に分類されます。下地用としては、素地使いとして家具の心材（この上に仕上材を張り付けます）や床下地材に使われます。化粧用としては、パーティクルボードの片面または両面に化粧単板や合成樹脂シートなどを貼り付けたものや合成樹脂塗装を施したものなどがあり、家具や内装材として使われます。

ＯＳＢは配向性ストランドボードとも呼ばれ、木造建築物の壁や床などの面剛性（面的な強さのこと）を高めるために使われることが多いものです。ＯＳＢは、一般にはボード両面の表層と中心層の3層構成として、それぞれの層の小片が直交となるよう配向（配向性と言います）しています。

木材の繊維を成形した材料は、ファイバーボード（繊維板）と呼ばれます。ファイバーボードは、ＪＩＳ Ａ ５９０５に規定されており、密度の高い順にハードボード（硬質繊維板）、ＭＤＦ（Medium Density Fiberboard、中密度繊維板）、インシュレーションボード（軟質繊維板）の3種類があります。ハードボードは内装材、家具、住宅設備機器（洗面台など）、養生材（施工中の部位の保護用材料）や、自動車の内装材やパーツに使われます。ＭＤＦは化粧材として使われることが多く、建具、家具の扉、システムキッチンなどに使われます。インシュレーションボードは多孔質（細かな空隙の多い材料）のため吸音性や断熱性に優れ、養生材、床下地、屋根下地などに使われます。

要点BOX
- ●木材小片からパーティクルボードが作られる
- ●木材繊維からファイバーボードが作られる
- ●ファイバーボードは密度によって分類される

図 木質ボードの種類と製造工程の例

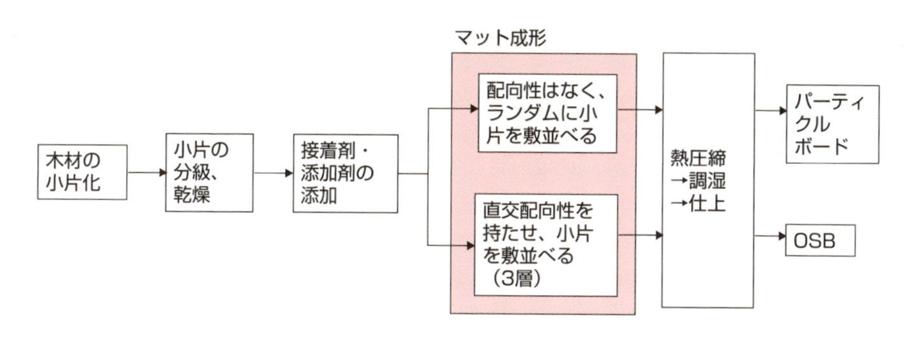

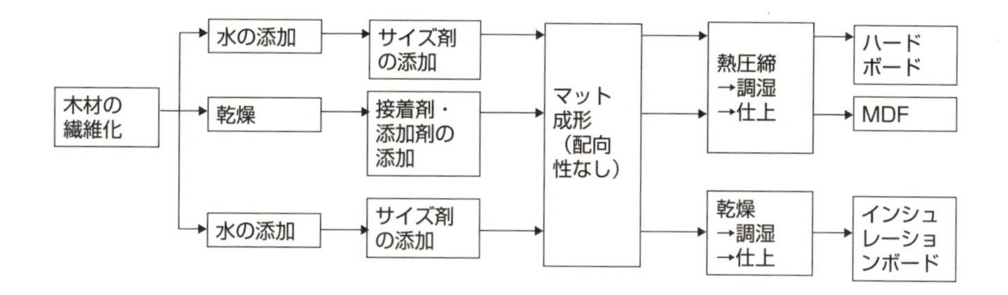

写真 パーティクルボードとOSB

左上、左下：OSB
右：パーティクルボード

40 合板

単板を積層接着させたもの

合板は、丸太を円周方向に回転させながら薄く剥いた単板（ベニヤとも言います）を複数枚、接着剤で貼り合わせて板状に加工された材料で、一般にもなじみのある材料かもしれません。日本では、名古屋の浅野吉次郎（あさのきちじろう）が1907年（明治40年）に単板を製造する機械（ベニヤレース）を発明・実用化したのが始まりとされています。このベニヤレースを使った丸太の皮むきは、大根の桂むきと同じような加工方法です。単板の積層数は、合板の厚さに応じて3層や5層など奇数層とすることが一般的であり、層ごとに単板の繊維方向が直交するように接着させます（写真）。各層の単板を直交方向に貼り合わせることにより、強度の異方性が低減され強度性能が向上する効果があります。この他にも合板には様々な特長があり、加工が容易であること、熱伝導率が低く比熱が大きいこと、音や振動を吸収しやすいこと、釘の保持力が高いことなどが挙げられます。また、2016年における合板の供給量は、東南アジアからの輸入製品が52%と国内生産品より若干多い状況ですが、国内の針葉樹を使った合板の供給量が増えつつあります。

合板は、日本農林規格（JAS）に規定されています。JASに定める合板の種類は、普通合板、コンクリート型枠用合板、構造用合板、化粧ばり構造用合板などがあります（表）。JASの基準を満たした合板には、JASマークを表示することができます。合板の寸法は種類によって様々ですが、尺貫法の尺で表現して3'×6'（サブロクと言います。910×1820㎜）や2'×6'（ニロクと言います。610×1820㎜）のサイズが多く流通しています。ちなみに、日本における建築材料の寸法は、300㎜、900㎜というように3の倍数であることが多く、これも尺貫法の名残と言えるかもしれません。

要点BOX
- ●合板は単板を奇数枚積層させることが一般的
- ●合板は強度の異方性が少ない
- ●型枠用、構造用、化粧用などの種類がある

写真　単板の積層状態の例

左:普通合板(3層、厚さ9㎜)
上:コンクリート型枠用合板(3層、厚さ12㎜)

表　JASにおける合板の種類

種類	特徴	標準寸法
普通合板	一般的な用途で広く使われる合板。下記以外の合板のこと。	幅:910～1220㎜ 長さ:1820～2430㎜ 厚さ:2.3～24㎜
コンクリート型枠用合板	コンクリートを打込み、所定の形に成形するための合板。表面への塗装の有無により2種類ある。	幅:600、900㎜ 長さ:1800㎜ 厚さ:12、15㎜
構造用合板1級	建築物の構造耐力上主要な部分に使用する合板。曲げ性能や面内せん断強さが基準以上のもの。	幅:900、1220㎜ 長さ:1800、3030㎜ 厚さ:5～30㎜以上
構造用合板2級	上記の強度性能の基準を満たさない合板。ただし、強度性能が著しく劣るものでないため、特殊な用途を除いて床下地、屋根下地などに用いられる。	幅:900～1220㎜ 長さ:1800～3030㎜ 厚さ:6～30㎜以上
化粧ばり構造用合板	構造用合板の表面に仕上材の単板(化粧単板)を貼り付けたもの。	幅:900～1220㎜ 長さ:1800～3030㎜ 厚さ:5～30㎜以上
天然木化粧合板	化粧ばり構造用合板以外の合板で、表面に化粧単板を貼り付けたもの。	メーカーによって異なる
特殊加工化粧合板	上記以外の合板で、表面にプリントや塗装を施したもの	メーカーによって異なる

41 フローリング

単層と複層がある

フローリングは木造建築物のみならず、鉄筋コンクリート造建築物や鉄骨造建築物の床材にも広く用いられます。フローリングは、日本農林規格（ＪＡＳ）に規定されています。ＪＡＳに定めるフローリングは、単層フローリングと複合フローリングに大別されます（図１）。

単層フローリングは、木材のひき板（板状に加工された材料のこと）のうち、構成層が単層の材料、または単層のひき板の裏面に不陸調整用などを目的として積層材料を接着したものを指します。単層フローリングには、フローリングボード、フローリングブロック、モザイクパーケットがあります。フローリングボードは、１枚のひき板を基材としたもので、根太（ねだ）張用と直張用があります。根太張用とは下地材である根太に直接張り込むことを目的としたもので、直張用とは根太を介さず下地に直接張るものです。直張用のうちフローリングブロックは、ひき板を２枚以上並べて接合したもの、モザイクパーケットは、ひき板の小片を２個以上並べて紙などを用いて組み合わせたものです。

複合フローリングは、合板や集成材などを基材とし、表面に化粧単板を張り付けて一体としたものです。根太張用と直張用があり、フローリングの中では最も多く使われるものです。複合フローリングには基材によって３種類に分類され、一種が合板、二種が集成材または単板積層材、三種が一種または二種か、それ以外の木質材料と組み合わせた基材になります。

直張用フローリングは、上下階における音の伝搬や歩行時のクッション性への配慮が求められるため、下地のコンクリートまたはモルタルとフローリングの間にシート状の緩衝材を設置するなどして対応することが一般的です（図２）。

要点BOX
- ●単層フローリングは張り方で名称が変わる
- ●複層フローリングは化粧材で仕上げる
- ●直張用フローリングは緩衝材で音や振動を抑制

図1　JASにおけるフローリングの分類

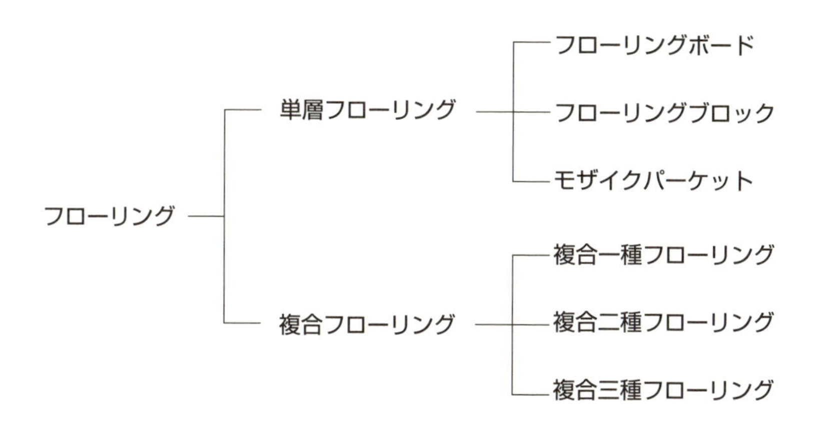

図2　フローリングの施工方法の例

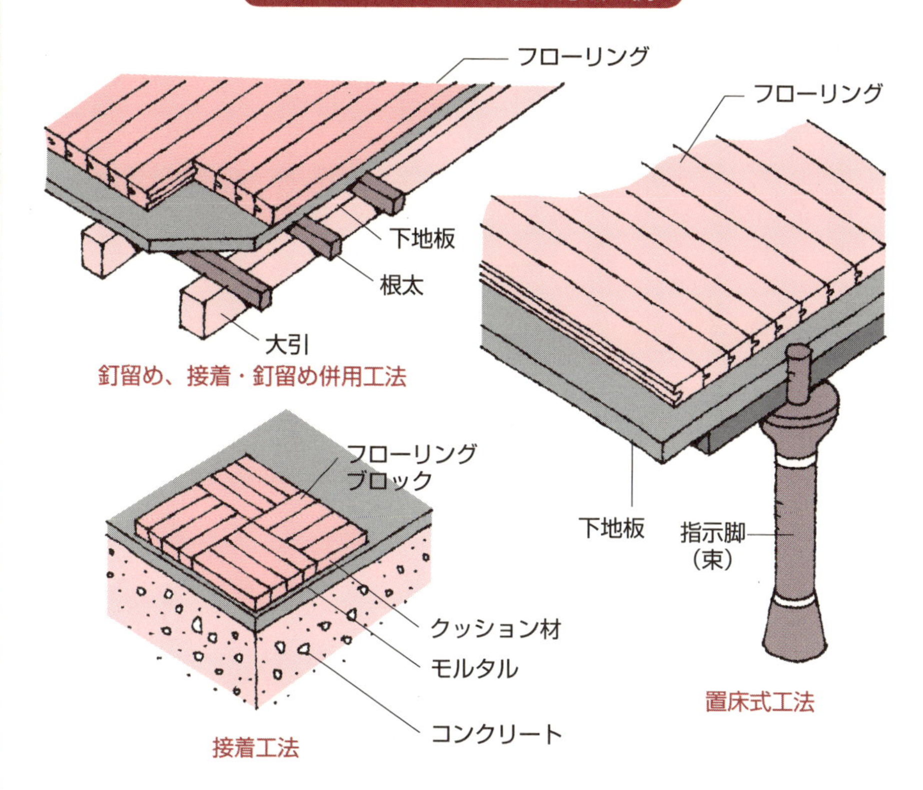

42 金属製仕上げ材

ガルバリウム鋼板の屋根材、外壁材が増加

金属製仕上げ材として屋根材と外壁材があります。一般住宅に使用される屋根材は粘土系、セメント系、スレート系、および金属系に区分でき、それぞれ長所と短所があります（表）。近年、倉庫や集合住宅などでは、耐久性と強度の観点から金属系の屋根材の使用が増えています。また、外壁材も様々な材料がありますが、ビルや倉庫では構造材の鉄骨やコンクリートとの相性が良く、強度が強くて軽量であることから、金属製外壁材や金属製カーテンウォールの採用が多くなっています。

これらの金属製仕上げ材の長所としては以下の通りです。①軽量であるため、固定荷重が軽減できて、耐震性がよくなること。②水分を吸収しない材料であるため、凍結や膨張による破損が生じにくいこと。③重ね合わせて施工するため、接合部の防水用シールが無くなること。④勾配の緩い屋根にも採用できて、デザインの自由度が広がること。

一方、短所としては以下の通りです。①熱伝導率が高く、断熱性能が低いこと。②加工した際の切断面から錆びが生じること。③雨音などが室内に伝わりやすく、遮音性が低いこと。

近年、55％のアルミニウムを含む亜鉛合金でメッキ処理された、ガルバリウム鋼板の使用が多くなってきています。波型に加工したガルバリウム鋼板による折板葺きは、大型の工場や倉庫に適用されています（写真）。ガルバリウム鋼板の表面を細かい砂粒でコーティングしたものをジンカリウム鋼板と呼びます。ジンカリウム鋼板には、雨が拡散されて雨音が軽減されるという特徴があります。その他、耐食性の高いステンレスの屋根材や、ガラス繊維強化プラスチック（GFRP）基板にアスファルトをコーティングしたファイバーシングルも開発されています。表面の保護のため細かい石粒をアクリル樹脂で固定した屋根材です。

要点BOX
- ●屋根材は粘土、セメント、スレート、金属に区分
- ●アルミ・亜鉛合金でメッキしたガルバリウム鋼板
- ●ジンカリウム鋼板を使うと雨音が軽減される

表　屋根材の比較

種類	日本瓦	スレート瓦	セメント瓦	ガルバリウム鋼板	ジンカリウム鋼板	ステンレス	ファイバーシングル
外観	重厚感 和風 風格	色柄豊富 洋風	重厚感 洋風	綺麗 スッキリ	重厚感 和風 洋風	綺麗 スッキリ	重厚感 洋風
耐用年数	60年	20年	30年	30年	40年	50年	30年
価格（本体価格）	8000円 ～ 12000円	4500円 ～ 8000円	6000円 ～ 8000円	6000円 ～ 9000円	7000円 ～ 12000円	10000円 ～ 14000円	6000円 ～ 8000円
重量／㎡	48kg	18kg	42kg	5kg	7kg	5kg	12kg
耐震性	×	○	×	◎	◎	◎	○
耐風性	△	○	△	◎	◎	◎	◎
防音性	◎	○	◎	△	○	△	○
断熱性	◎	△	◎	△	△	△	△
メンテナンス	不要 下地材の 補修あり	10年程で 塗装	15年程で 塗装	15～ 20年で 塗装	不要 下地材の 補修あり	不要 美観目的で 塗装	不要 下地材の 補修あり
ランニングコスト	◎	×	×	△	○	△	○

写真　屋根材、外壁材の施工例

鋼製鋼板を使用して、屋根、外壁を施工した工場（株式会社横河システム建築）

43 セメント系ボード類

石灰質やセメント由来の成形材料

セメント系ボード類とは、セメント、けい酸質材料、石灰質材料、繊維質材料、スラグ、各種混和材料などをボード状に成形した材料のことを指します。セメント以外の固化材を用いたものも含まれるため、広義に捉えると、主として石灰質またはセメント由来の成分を固化材とした材料ということができます。セメント系ボード類は、スレート、けい酸カルシウム板、スラグせっこう板、パルプセメント板、木質系セメント板、窯業系サイディング、木毛セメント積層板、ロックウール吸音板、住宅屋根用スレートなど非常に多岐に渡り、それぞれ日本産業規格（JIS）に品質が定められています（写真）。

波形スレートは、工場などに多く使われ、JISでは繊維強化セメント板の規格（JIS A 5430）に含まれます。波形スレートの原料は、セメント、繊維質材料、混和材料、水で、これらを混ぜ合わせます。これを平板状に抄造（しょうぞう）（ローラーで薄く引き延ばすこと）した後、波形にプレス成形されます。

ロックウール化粧吸音板は、オフィス、学校、住宅など多岐に渡る建物の天井に使われており、一度は見たことのある材料と思います。材料表面に細かな孔がランダムにあいているため、吸音性に優れます。そのため、JISでは吸音材料（JIS A 6301）として規定されています。このほかにも、断熱性や不燃性もあることに加え、比較的安価であるため広く普及しています。

窯業系サイディングは、戸建て住宅の外壁のうち7割程度を占めており、JIS A 5422に規定されています。窯業系サイディングの原料は、セメント、繊維質材料、混和材料、水であり、これらを練り混ぜたものを型に入れ成形します。窯業系サイディングの特長は、火災に対する安全性、耐久性、施工性、意匠性に優れる点にあります。

要点BOX

- 材料成分、用途、形状の相違により多岐に渡る
- 波形スレートは工場の外壁や屋根に使われる
- 窯業系サイディングは戸建て住宅の外壁に使用

写真　セメント系ボード材料の例

波型スレート

ロックウール化粧吸音板

化粧サイディング

住宅屋根用化粧スレート

44 ポリマーセメントモルタル

セメントとポリマーを混ぜ、性能を上げる

ポリマーセメントモルタル（以下、ＰＭと言います）とは、結合材にセメントとポリマー（重合によってできる高分子化合物）を用いたモルタル（結合材、骨材および水を練り混ぜたもの）のことを指します。建築物の多くの部位で使われています。ここでは、セメントを結合材として、ポリマーディスパージョン（ポリマーの粒子を水中に均一に分散させた乳液状の液体）や粉末状のポリマー（再乳化形粉末樹脂と言います）を用いたＰＭについて概説します。

ＰＭの種類には、左官用、タイル張付け用、補修用などがあり、下地材料もしくは補修材料として使われます（表）。ポリマーの種類には、合成ゴム系樹脂、ビニル系樹脂、アクリル系樹脂などがあります。ＰＭの品質は、セメントに対するポリマーの質量比であるポリマーセメント比の影響を大きく受けます。ポリマーセメント比が大きいと硬化速度は遅くなりますが、保水性、引張強度、曲げ強度、ひび割れに対する抵抗性、水密性、耐凍害性などの性能が向上し、ポリマーを混入していないセメントモルタルに比べて飛躍的に性能を向上させることができます。

左官用のＰＭの施工手順は、下地表面の調整（凹凸の除去など）→ポリマーディスパージョンを混入した吸水調整材の塗り付け→ＰＭの塗り付けとなります（図）。吸水調整材は、下地への吸水を防止する機能があります。下地への吸水が大きいと、ＰＭの水分が下地に吸水され急激に乾燥することによって、硬化不良や接着不良を引き起こしますが、これを防止することができます。ＰＭの塗り付け回数は塗り厚さによって異なり、10㎜程度以下では1回、20㎜程度以下では2回（下塗り、上塗り）とし、これ以上では3回（下塗り、中塗り、上塗り）とすることが標準的ですが、最大でも25㎜以下とすることが望ましいとされます。

要点BOX
- ●ポリマーには乳液状と粉末状がある
- ●ポリマーセメント比によって品質が変化する
- ●塗り付け回数は塗り厚さによって異なる

表　ポリマーセメントモルタルの種類と用途

種類	用途	ポリマーセメント比(%)
左官用ポリマーセメントモルタル	内外壁、天井、床などの左官工事	5～20
タイル張付け用ポリマーセメントモルタル	内外壁への陶磁器質タイルの張付け	5～10
補修用ポリマーセメントモルタル	鉄筋コンクリート構造物のひび割れや欠損部の補修など	5～20

図　ポリマーセメントモルタルの施工

ローラーを使用して、吸水調整剤を施工している

金ごてを使用して、下塗り材を施工している

45 せっこうボード

芯材のせっこうを厚紙でサンドした材料

せっこうボードは、せっこうを芯材としてその両面を厚紙（原紙と言います）で覆ったボード状の材料で、下地材料や仕上げ材料として多用されています。使うせっこうの種類は二水せっこうです。二水せっこうは加熱すると焼せっこうになり、これに加水すると再び二水せっこうに戻ります。この際に水と反応して固まる性質（水硬性と言います）があり、固まる際に生成される針状の結晶が両面の原紙に食い込んで一体化します。

せっこうボードの種類は、下地用と仕上げ用に大別され、下地用には標準型、防水型、強化型などがあり、仕上げ用としては表面に仕上げが施された化粧せっこうボードがあります（表）。このうち、強化せっこうボードは薄い材料ながら防火性能や耐火性能に優れる製品です。これは、せっこうボードが火熱に晒されると、せっこうに約20％含まれる水分が水蒸気となって放散され、温度の上昇を抑制するためです。

せっこうボードの寸法は、厚さが9・5、12・5、15㎜、大きさが910×1820（3×6尺）、910×2420㎜（3×8尺）、910×2730㎜（3×9尺）が標準的です。

せっこうボードの施工方法は、鋼製下地を用いた張り付けやコンクリートへ直に張り付ける方法（直張り工法と言います）などがあります（写真）。せっこうボードの側面形状には、四角（スクェアエッジ）、先細り（テーパエッジ）、面取り（べベルエッジ）など（図）があり、壁紙を仕上げ材として貼る場合には、ボード同士の継ぎ目にメッシュ状のジョイントテープやパテを塗って平滑にする処理を施します。また、コーナー部にはL字形の材料を取り付けて保護します。せっこうボードの張り付けには、鋼製下地であればビスやクリップなどを用い、直張り工法であればボード裏面に一定の間隔で団子状に塗布した接着剤を用います。

要点BOX
- ●せっこうは二水せっこうを使う
- ●せっこうボードは下地用と仕上げ用がある
- ●継ぎ目処理が壁紙の仕上がりを左右する

表　代表的なせっこうボード

種類	記号	特徴	用途
せっこうボード	GB-R	せっこうボードの標準品	壁や天井の下地材
シージングせっこうボード	GB-S	両面の原紙とせっこうに防水処理を施したもの	屋内の多湿な箇所の壁や天井、外壁などの下地材
強化せっこうボード	GB-F	GB-Rの芯に無機質繊維などを混入したもの	壁や天井の下地材、防火･耐火構造の構成材
化粧せっこうボード	GB-D	GB-Rの表面を化粧加工したもの	壁や天井の仕上げ材

写真　鋼製下地

壁への適用例

天井への適用例

図　せっこうボードの側面形状

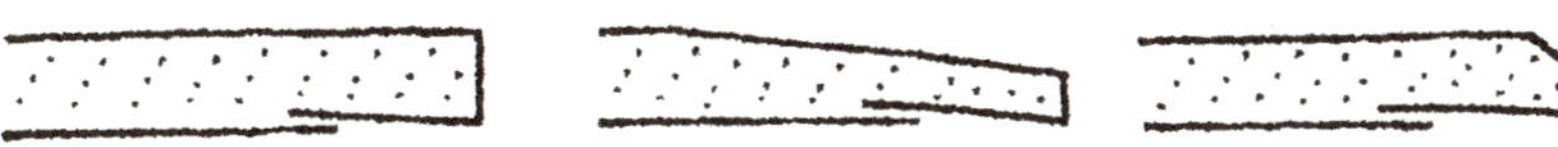
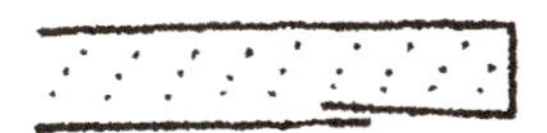
スクェアエッジ

テーパエッジ

ベベルエッジ

46 陶磁器タイル

粘土を焼成して作られる

　タイルの歴史は大変に古く、紀元前27世紀頃のエジプトのピラミッドに使用された例があります（図1）。日本では、6世紀頃に中国から伝来したものが原形とされており、明治時代に生産が始まり、大正時代にタイルと呼称されるようになって現在に至ります。日本は、先進国の中でもタイルを張った建築物が多いとされますが、これは明治時代にレンガ造建築物が普及した際に地震による被害を鑑みて、レンガに似た仕上げ材としてタイルが普及したためです。

　タイルの種類は、陶磁器質タイルやセラミックタイルなどがありますが、一般にはタイルと言えば粘土を成形・焼成した陶磁器質タイルを指すことが多いです。陶磁器質タイルは、生地の質、釉薬（うわぐすり）の有無、呼び名（用途）などによって分類されます。生地の質による分類では、原料や焼成温度の相違から磁器質、せっ器質、陶器質の3種類となりますが、JIS A 5209では吸水率の違いでⅠ～Ⅲ類に分類されています。釉薬の有無による分類では、釉薬を施した施釉タイル、釉薬を施さない無釉タイルがあり、磁器質ではほとんどが施釉タイルとなります（表）。呼び名による分類では、内装壁・床タイル、外装壁・床タイルがあり、それぞれに1枚の表面積が50㎠以下のモザイクタイルが加えられます。タイルの吸水率が高いと、雨水などが浸透し劣化を助長する可能性があるため、外装壁・床タイルでは吸水率の低い磁器質タイルを用います。

　タイルの施工は、タイル裏の凹凸（裏足と言います）を利用し、張り付けモルタルを塗布して張り付けるのが基本になり、様々な改良が加えられて密着張りやモザイクタイル改良積上げ張りなどの施工方法に至ります（図）。なお、密着張りは専用工具の振動によりタイルを押しつけて張る工法で、日本で開発された独自の工法です。

要点BOX

- ●タイルの歴史は紀元前から続いている
- ●タイルには、磁器質、せっ器質、陶器質がある
- ●張り付け方を工夫して剥落しない施工が重要

図1　ピラミッドに使用されたタイル

地下通路の側面にタイルが使われていた
ジェセル王のピラミッド

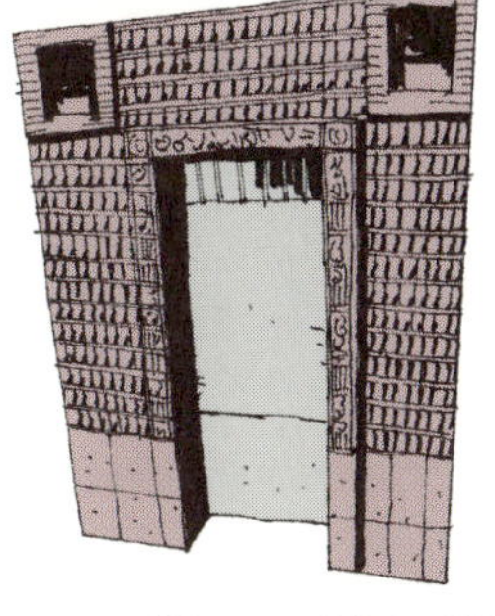

タイルが使われた壁画の様子

表　タイルの生地による分類

JIS A 5209 (〜2004)	JIS A 5209 (2008)	焼成温度(℃)	吸水率(%) JIS A 5209 (2018)	釉薬の有無
磁器質	Ⅰ類	1,300〜1,450	3.0以下	ほとんど施釉する
せっ器質	Ⅱ類	1,200〜1,300	10.0以下	無釉、施釉
陶器質	Ⅲ類	1,000〜1,200	50.0以下	

図2　タイルの施工

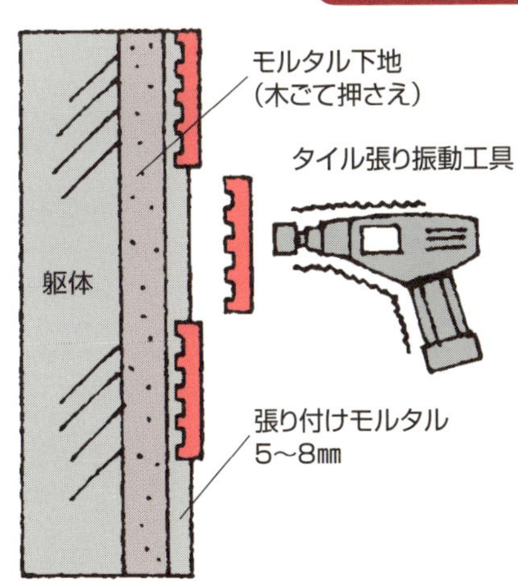

密着張り（ビブラート工法）

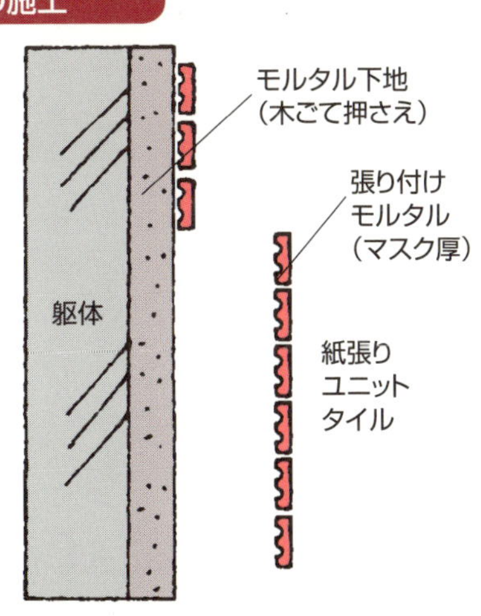

モザイクタイル改良積上げ張り
（マスク工法）

47 れんが

普通れんが、建築用れんが、耐火れんがを区別

れんがが日本で初めて使用されたのは、江戸時代末期、長崎鎔鉄所の建設においてと言われています。その後、明治時代になり多くのれんが造の建築が建てられました。しかしながら、れんが造建築の多くが関東大震災で倒壊したため、地震の多い日本にはそぐわないとの評価を受け、使用が控えられるようになりました。しかし昭和中期以降、れんがの風合いが再認識され、装飾や仕上げ材として用いられるようになりました。

れんが材料は、主原料の粘土を粉砕し、風化・精製などの原土処理を行い、砂、石灰、酸化鉄などを調合して作ります。産業革命以降は蒸気による機械が導入され、練り混ぜ、成形工程を機械化させることが可能になり、自然乾燥させていたものを人工乾燥できるようになりました。れんがの焼成温度は、普通れんがで約1000℃、セラミックれんがで約1200℃、耐火れんがで約1800℃になります。

現在、日本で建築用に使われているれんがには、全形、ようかん、半ようかん、半ます、さいころなどがあり、それぞれ寸法の違いがあります（図1）。また、JIS規格が定められるまで、様々な寸法のれんががありましたが、現在の日本では210㎜×100㎜×60㎜が全形の標準となりました。JIS規格で、普通れんが、建築用れんが、耐火れんがが区別され、寸法などが規定されています。

建築構造としての積み方にはフランス積み、イギリス積みなどがあります。一つの列に長手と小口が交互に並んで見えるのがフランス積みです。逆に、一つの列は長手、その上の列は小口、その上の列は長手、と重ねてゆくのがイギリス積みです（図2）。1872年完成の富岡製糸場はフランス積みが採用されています。普通の長手積みや小口積みで施工しているケースもあります。

要点BOX

- ●れんが造建築の多くが関東大震災で倒壊
- ●210㎜×100㎜×60㎜が全形の標準
- ●フランス積み、イギリス積みなどがある

図1　寸法によるれんがの種類

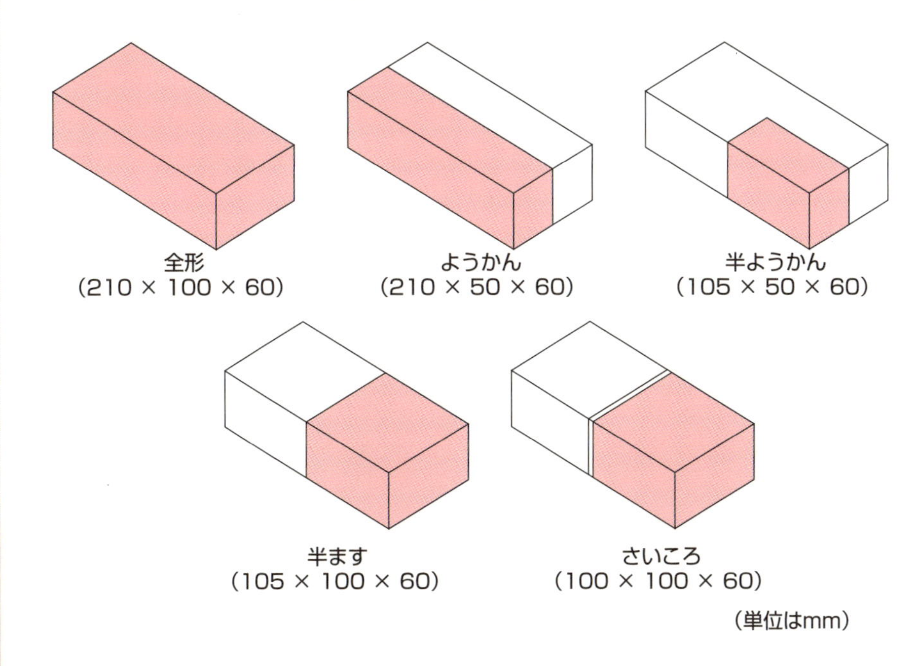

図2　れんがの積み方

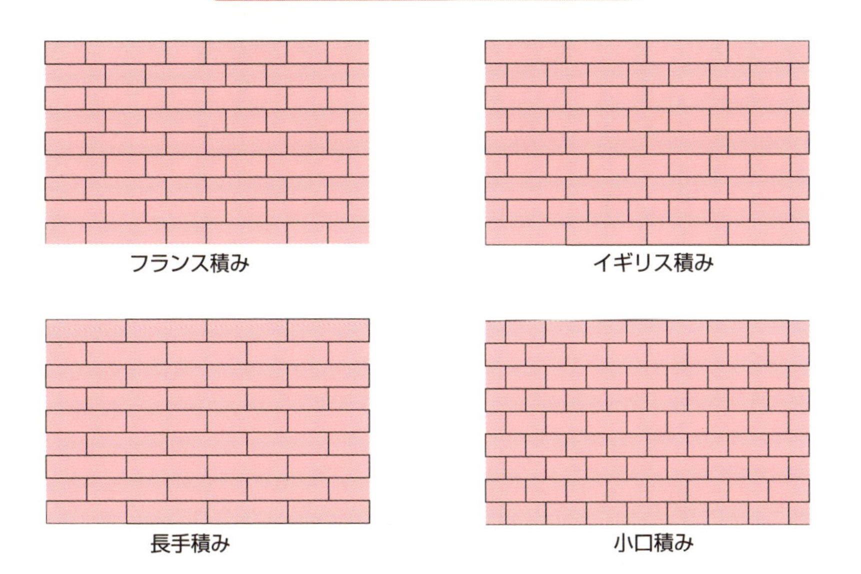

48 瓦

形状と粘土の焼き方による品質で分類

屋根瓦はその材質により区分され、粘土瓦、セメント瓦、スレート瓦、金属製瓦などがあります。粘土瓦は形によって和瓦と西洋瓦に区別されます。日本国内の粘土を材料に作った焼き瓦のことを日本瓦と呼び、日本瓦を用いた屋根は、その適用位置で平瓦と役瓦に大別されます（図1）。ここでは、日本瓦の中で最も使用される頻度の高い平瓦を例に説明します。日本瓦の分類方法は形状と粘土の焼き方による品質の2通りがあります。

まず、形による分類について説明します。一般的な日本瓦はJ形（和形）といいます。日本人にとって一番なじみ深い瓦の形です。J形の曲面をフラットにしたものがF形（平形）と呼ばれます。S形（スパニッシュ瓦）は、大きく波打った形の瓦で、西洋風の住宅にマッチします（図2）。

日本瓦には、そのまま窯で焼く素焼き瓦と、瓦に釉薬を塗って焼いた釉薬瓦（ゆうやくがわら）の2種類があります（表）。釉薬瓦はガラス質の釉薬を塗って、窯で焼いた瓦です。表面に塗る釉薬の成分によって、表面が赤や青など、様々な色彩に変化します。釉薬を全く使用せずに焼き上げた瓦を無釉薬瓦と呼びます。その中で最もポピュラーなのがいぶし瓦です。焼き上げる最後の工程で「いぶす」ことによって、瓦の表面に炭素の膜ができ、日本瓦独特の風合いができあがります。

日本瓦は日本の風土に適した瓦ですが、特に以下の3つの特徴が際だっています。①耐久年数は100年以上あること、②少々の衝撃では破損しないこと、③再塗装などのメンテナンスが不要なことです。最近では、スレートやガルバリウムなどの屋根材が増えてきたため、日本瓦の需要減少と共に産地も減っています。産地による種類は、黒っぽい愛知県の三州瓦（さんしゅうがわら）、赤褐色をした島根県の石州瓦（せきしゅうがわら）、白っぽい兵庫県の淡路瓦が有名です。

要点BOX

- 一般的な日本瓦はJ形（和形）
- いぶし瓦は無釉薬瓦で最もポピュラー
- 産地による分類は三州瓦、石州瓦、淡路瓦など

図1　平瓦と役瓦

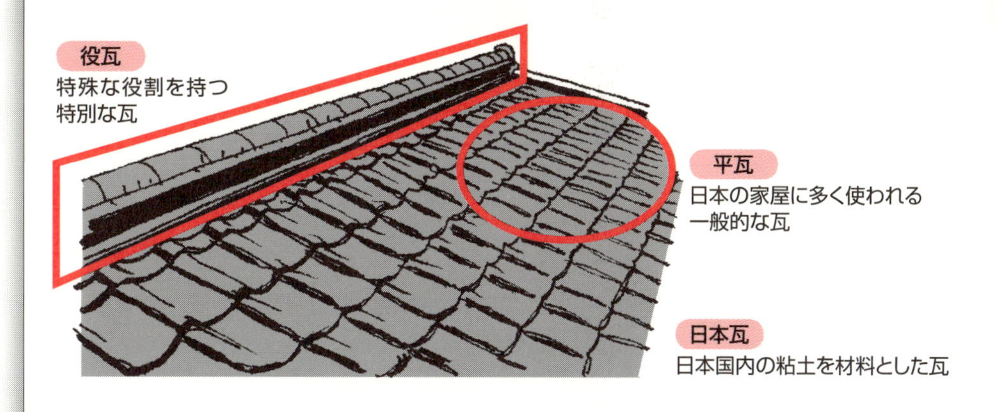

図2　形状による日本瓦の種類

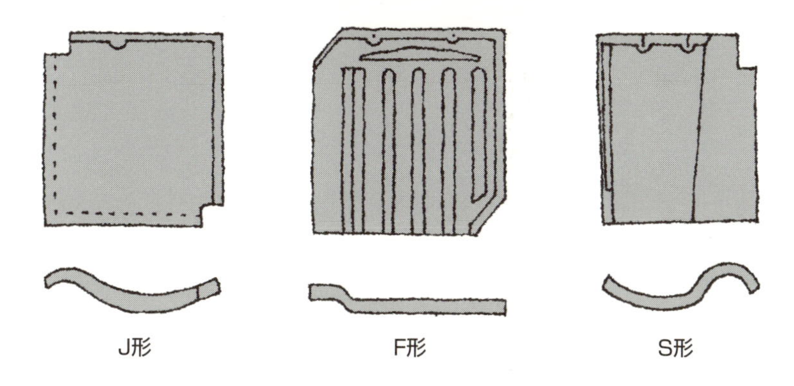

表　粘土瓦の品質規定

種類	吸水率(%)	曲げ破壊荷重(N)	凍害試験
釉薬瓦	12以下	1,500以上	ひび割れ、はく離などがないこと
いぶし瓦	15以下		
無釉薬瓦	12以下		

(JIS A 5208に規定)

49 衛生陶器

衛生的で美しくあることが重要

衛生陶器は、便器、洗面器、手洗い器などの水回りにある衛生器具として使われます。衛生陶器またはこれに使用する材料への要求性能は、吸水性や透水性が少ないこと、変色や腐食しないこと、破損しないこと、傷が付きにくいこと、掃除が容易であること、美観性などがあります。衛生陶器は日常生活において使用頻度が高く、衛生的で美しくあることが不可欠です。食器類に比べて寸法が大きいため製造時の焼成の際に自重による変形と、製品となった後の吸水性の抑制の両面を考慮して、熔化素地質と言われる素地を使い、一般的に鋳込成形と呼ばれる成形方法によって製造されます。衛生陶器の表面は、熔化素地質と釉薬が溶化して同化した状態にあり、ほとんど吸水しません。鋳込成形では、鋳型に粘土、長石、けい石、陶石などを水と練り混ぜて調製された原料を鋳型に流し込んで、原料に含まれる水分を鋳型へ吸水させた後に脱型します（図1）。その後、乾燥を経て施釉および焼成を行い、組立てや検査を経てから出荷されます（図2）。

近年の衛生陶器は高機能化が目覚ましく、様々なタイプが流通しています。特に日本は、便器の機能は世界の中で最も進歩した国のひとつです。一方で、古くからある和風便器は、比較的古い施設を除いて極めて少なくなっています。また、便器の機能として、暖房便座や温水洗浄便座の普及率が80%を超え、節水機構と清掃性に関する技術も進化しています。節水機構については、洗浄水量が6L以下を標準として、最近では4L以下の製品も販売されています。清掃性については、清掃しやすい形状となり、光触媒技術や抗菌作用のある金属物質を表面に施した製品が開発されています。この他にも、脱臭機構、洗浄水のタンクレス化、自動開閉便座など高機能化の流れが加速しています。

要点BOX

- 水回りの衛生器具として使われる
- 衛生陶器の表面はほとんど吸水しない
- 日本では便器の高機能化が目覚ましい

図1　鋳込み鋳型による成形方法

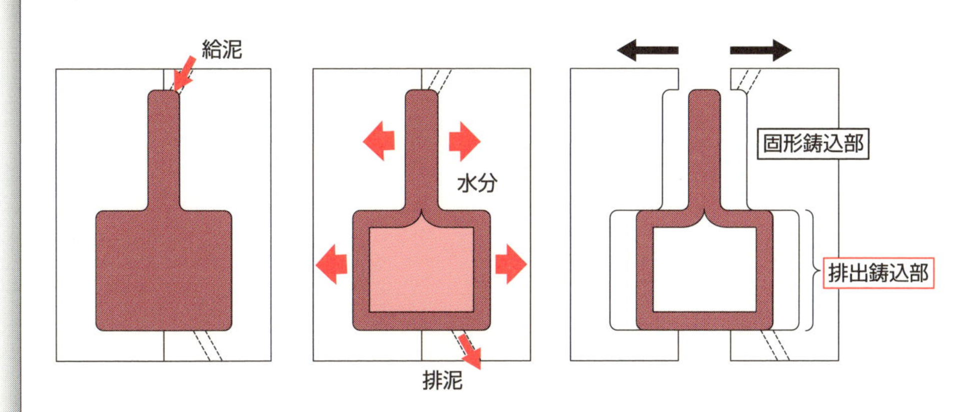

図2　衛生陶器の製造工程

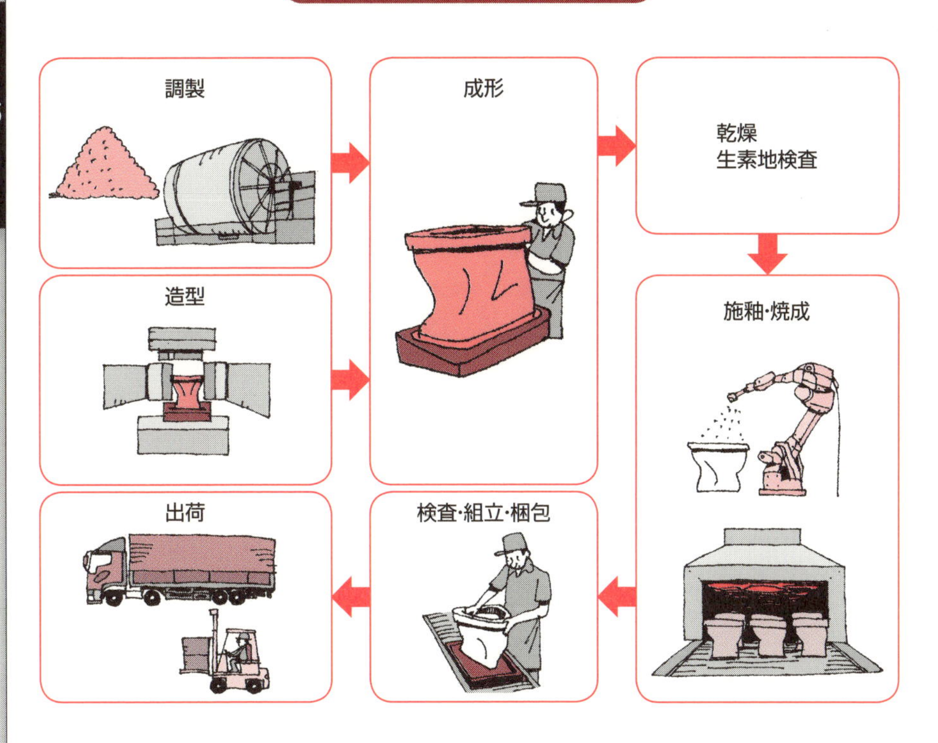

50 ガラス

壁、床面、階段、手すりなどに利用

建築で最初にガラスが使用されたのは、ローマ時代の教会のステンドガラスです。また、ベネチアガラスなど高価な工芸品として、ガラスは生産されてきました。1885年のロンドン万国博覧会の会場となったクリスタルパレスが近代ガラス建築の先駆けと言われています。

建築用ガラスの長所は、①硬くて、平滑で、美しいこと、②光を透過すること、③不燃性であること、④耐久性があること、⑤大量生産により安価であることです。一方、短所としては、①引張りや曲げ強度が小さく、もろいこと、②割れると危険であること、③急激な熱変化に弱いこと、④断熱性や遮音性が低いことが挙げられます。

安全ガラスとは身体への安全性を考慮したガラスの総称です。JISには自動車用や鉄道車両用の安全ガラスが定められています。安全ガラスには複層ガラス、強化ガラスなどがあります（図）。

複層ガラスは、2枚以上の板ガラスの間に透明なポリビニルブチラール（PVB）の樹脂製中間膜を接着した合わせガラスです。近年の防犯意識の高まりから、住宅やビルの防犯ガラス外壁材としての需要が急拡大しています。

強化ガラスは、通常のガラスに熱処理を加えた後、急激に冷却させたガラスで、普通のガラスに比べて約4倍の耐圧強度を持つガラスです。一般に産業用に用いられる強化ガラスは、物理強化ガラスと化学強化ガラスに大別できます。大きな特徴は割れ方です。普通のガラスは鋭く刃物のように割れるのに対し、強化ガラスは粉々に砕け散ります。強化ガラスなら、割れた破片で手を切るなどの怪我はしません。意匠性の高い壁、床面、天井、屋根、階段、手すり、ドアなどの建材に使用されています。ステンレス部材を介してステンレスボルトで強化ガラスを留める構造が増えています（写真）。

●複層ガラス、強化ガラスは安全性が高い
●複層ガラスはPVBを挟んで接着したもの
●強化ガラスは粉々に砕け散るため怪我しない

図　安全ガラスの種類

合わせガラス

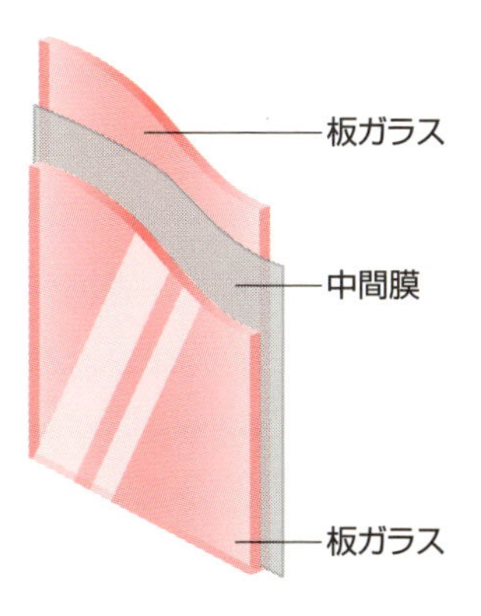

ガラスの間にPVB樹脂を挟み接着したガラス

強化ガラス

通常のガラスに熱処理を加え強度を約4倍に高めたガラス

写真　強化ガラスの使用例

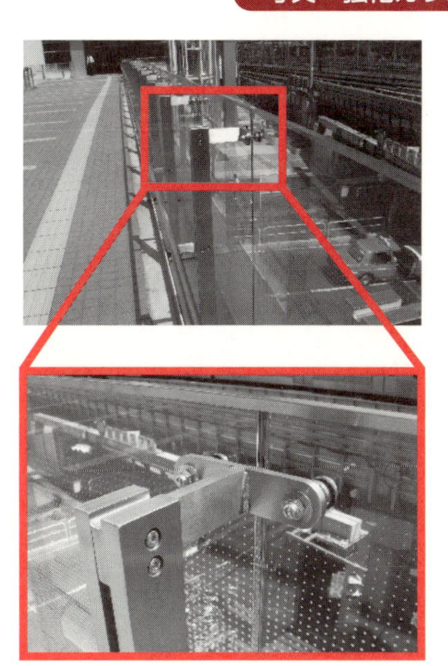

左上:歩道橋の高欄に使用されている強化ガラス（浜松町駅）
左下:ステンレスボルトで固定されている様子（浜松町駅）
右上:意匠性の高い建築物に使われている（太平洋マテリアル研究所）

51 カーテンウォール

荷重を負担しない非耐力壁

カーテンウォールは、非耐力壁の総称です。建築構造を担う壁ではなく、カーテンのように極力軽く製作して重さの負担を軽減します。建築構造において、取り外しが可能になっていることが特徴です（図1）。S造などの柔構造の高層ビル建築は、大半がカーテンウォール工法で建設されています。建築骨組みである梁と柱に、あらかじめ工場で製作したカーテンウォールを取り付けますので、建物周辺に足場や支保工が不要になります。

しかしながら、大地震が発生した時にはカーテンウォールの壁面が変形して、ガラスが割れて飛び散る可能性があります。また、外壁内面には耐火パネルを設置して、遮熱処理を行う必要があります。部材のつなぎ目や開口部にも防火認定品を用いることとなっています。このようにして、火災が生じても大きく燃え広がらないように工夫しています。

19世紀後半に外壁のプレファブ化という観点でカーテンウォールが開発されて以来、アルミ、ガラス、PCコンクリート、チタン、セラミックなど様々な材料が用いられてきました。

カーテンウォールで最も代表的な方立工法（マリオン工法）は、縦方向部材を上下の床か梁の間に掛け渡し、そこにガラスやスパンドレルパネルをはめ込んでいきます。最近では、金属製の枠を組み込んだガラス窓やメタルパネルを取り付けるユニット工法も増えています。柱や梁を包むような形状のパネルを組み合わせる柱・梁カバー工法は、柱や梁を強調した外観になり、多くの実績があります。梁の前面と腰壁の部分だけをパネルで構成するスパンドレル工法は、上下のパネル間にガラスを入れて窓が連なっているように見せます。最近のビルには多く適用されています（図2）。近年の技術の進歩により、カーテンウォールの種類が多くなっており、地震時のゆがみによる破損も少なくなっています。

要点BOX

- ●幕壁や帳壁とも呼ばれる非耐力壁の総称
- ●アルミ、ガラス、PCコンクリートなどの材料と工法により、種類が異なる

図1　カーテンウォールの形状

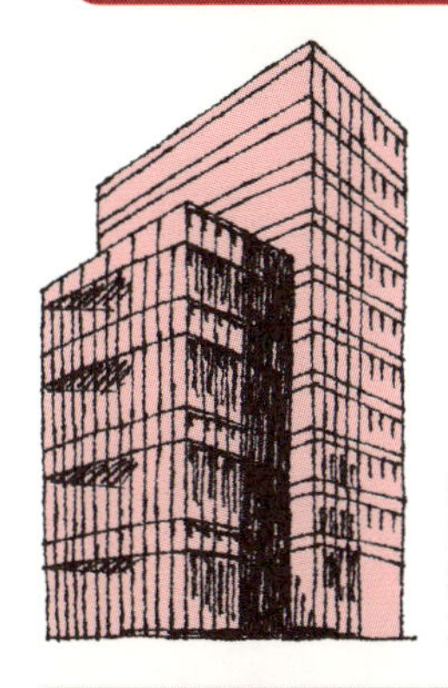

建築物の構造を担う壁ではなく
取り外しが可能
柔構造の高層ビルでは大半が
カーテンウォール工法で作られている

図2　カーテンウォールの施工方法

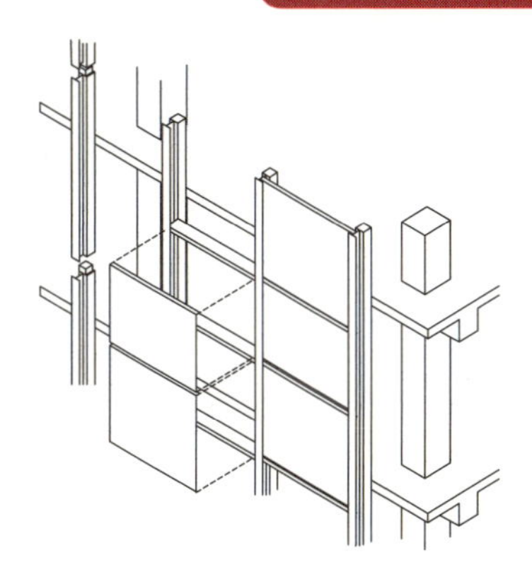

方立工法（マリオン工法）

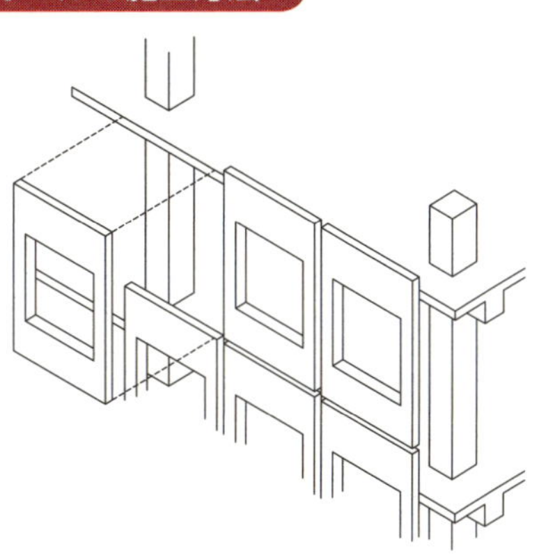

ユニット工法

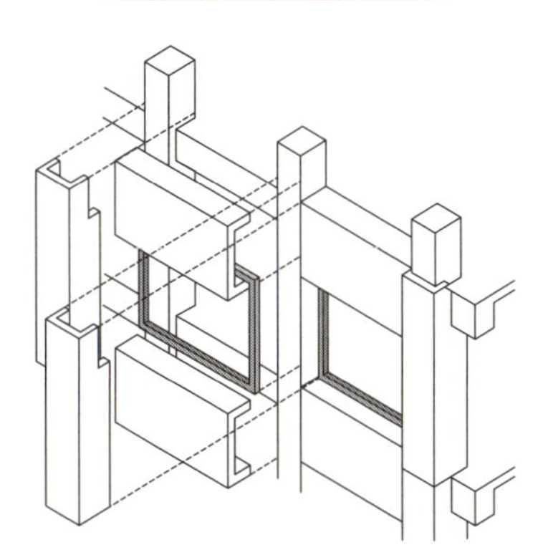

柱・梁カバー工法

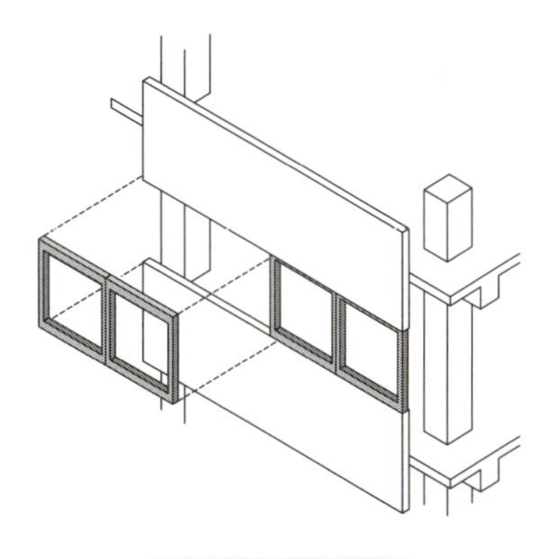

スパンドレル工法

52 石材

古代からポピュラーな建築材料

石材は、古代遺跡から現代に至るまで建築物に多用される材料です。石材の用途は、古くは構造用として、現代では仕上げ用として使われます。

岩石は、長い年月を掛けて様々な過程により生成されたもので、様々な種類に分類されます（図1）。火成岩は、地中深部のマグマが冷却固化した深成岩、地表に噴出したマグマが急激に固化した火山岩（噴出岩とも言う）、成因が深成岩と火山岩の中間である半深成岩に分類されます。火成岩の代表的な石種は、深成岩では花崗岩、火山岩では安山岩や玄武岩、半深成岩では斑岩などがあります。花崗岩は御影石とも言われ、墓石や建築物の内外壁など日本では大量に使用される石材です。堆積岩の代表的な石種は、凝灰岩、石灰岩、砂岩がありますます。石灰岩ではトラバーチンやオニキス（写真）と呼ばれる石材が有名で、凝灰岩では大谷石が代表的です。変成岩では大理石が代表的で、石灰岩が変成したものです。

仕上げ材料として使う場合の石材の施工方法は、湿式工法と乾式工法に分類されます。湿式工法は水を使った材料により石材を張り付ける工法を言い、セメントモルタルなどを使います。乾式工法は金物などによって石材を留め付ける工法を言います。また、乾式工法と湿式工法を併用した工法もあります。石材表面は、加工方法によって様々なテクスチャーを作り出すことができます。石材の表面仕上げ方法は、凹凸仕上げと平滑仕上げに大別できます。凹凸仕上げには、割り肌、のみ切り、びしゃん、小叩きなどがあり、それぞれに適した形状のノミを加工機械に取り付けて加工します（図2）。このほかに、火焔熱により石材の表面を剥落させて凹凸を形成するジェットバーナー仕上げがあります。一方、平滑仕上げには、ダイヤモンド砥石を使って表面を研磨する水磨きや本磨きがあります。

要点BOX
- ●石材は岩石を加工して作られる
- ●岩石はマグマの冷却や風化物の堆積で生成
- ●表面のテクスチャーは加工道具によって異なる

図1　岩石の成因と種類

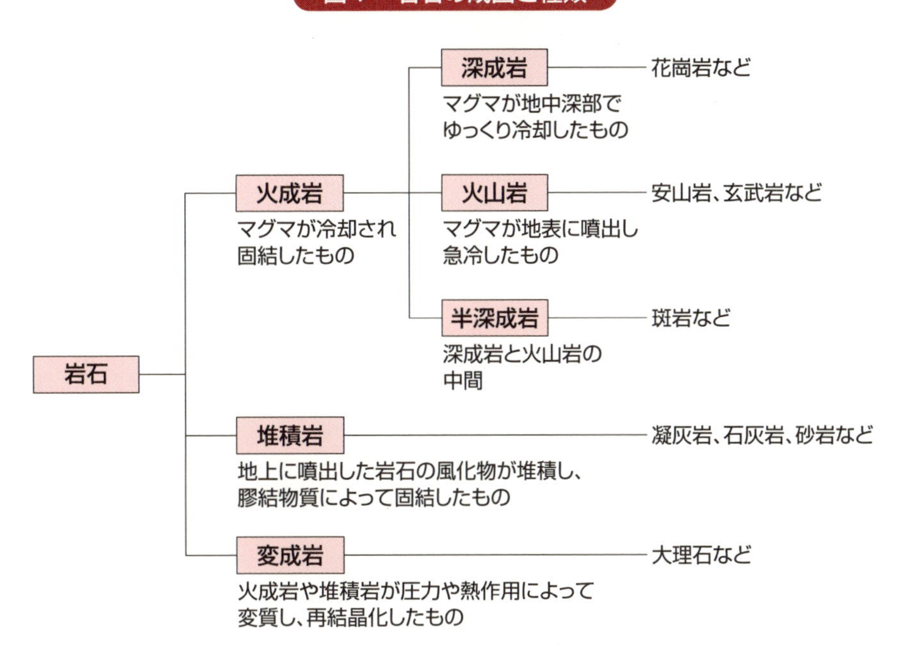

岩石
火成岩
マグマが冷却され
固結したもの
深成岩
マグマが地中深部で
ゆっくり冷却したもの
花崗岩など
火山岩
マグマが地表に噴出し
急冷したもの
安山岩、玄武岩など
半深成岩
深成岩と火山岩の
中間
斑岩など
堆積岩
地上に噴出した岩石の風化物が堆積し、
膠結物質によって固結したもの
凝灰岩、石灰岩、砂岩など
変成岩
火成岩や堆積岩が圧力や熱作用によって
変質し、再結晶化したもの
大理石など

写真　オニキスを壁に用いた建築

オニキスは石灰岩の一種である

図2　凹凸加工用ノミの刃先

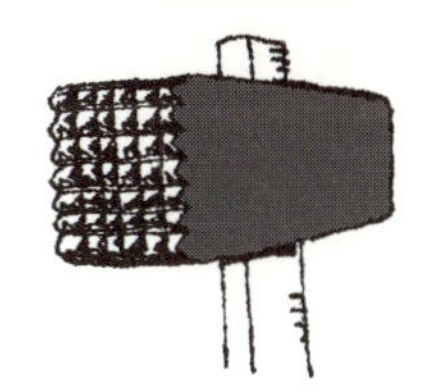

びしゃん用

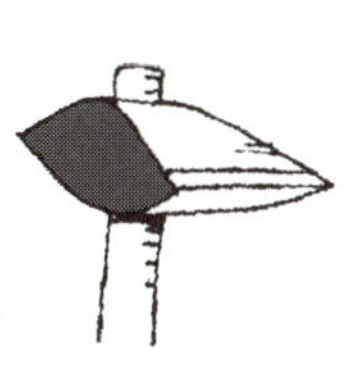

小叩き用

53 左官材料（漆喰）

消石灰、ノリ、スサ、砂、水を練り混ぜて作る

左官工事は、可塑性のある材料を塗り付けたり吹き付けたりして仕上げる工事のことを指します。左官材料には様々なものがありますが、城、土蔵、古民家など歴史的建造物の壁に多く用いられる漆喰がなじみのある材料ではないでしょうか。漆喰塗り仕上げの色調は、白色と黒色が代表的ですが、混ぜ込む顔料によって赤色や黄色など様々に調色できます。広い壁面を均一に塗り付ける技法のほかに、なまこ（海鼠）壁と言われる、壁面に張り付けた平らな瓦の継目に漆喰を蒲鉾状に盛り付けて塗る技法もあります（写真1）。

漆喰の構成材料は、左官用消石灰、ノリ、スサ（苆）、砂、水で、これらの材料を練り混ぜた後にこてを使って塗り付けます。左官用消石灰は、石灰石を焼成して得られる生石灰に水を加えて作られるものです。焼成する際にごく少量の塩化マグネシウムや塩化カルシウムを加える場合もありますが、古くは牡蠣や蛤（はまぐり）などの貝殻を焼成して作られていました。ノリは、漆喰の粘性や保水性を確保するために混入し、角又（つのまた）や銀杏草（ぎんなんそう）などの海藻やメチルセルロールなどの水溶性樹脂を使います。スサは、ひび割れ防止のために混入するもので、稲わら、しゅろ毛、パーム繊維などの天然繊維のほかに化学繊維が使われることもあります。スサの役割には、ひび割れ防止のほかにこてで塗り付ける際に材料の伸びを良くし、平滑に仕上げるための作業性を向上させる効果もあります。

漆喰塗り仕上げの下地は、現在ではコンクリート、せっこうボードなど様々ですが、古くは竹を使った小舞（こまい）下地が使われていました（写真2）。漆喰は、気硬性（二酸化炭素の作用による炭酸化と乾燥によって固まること）がありますので、屋外で施工する際には塗り付けから硬化するまで雨に当たらないように注意する必要があります。

要点BOX

- ●漆喰仕上げの色調は白色と黒色が基本
- ●粘性と保水性を確保するため海藻を入れる
- ●気硬性があるため、雨に注意する

写真１　漆喰塗り

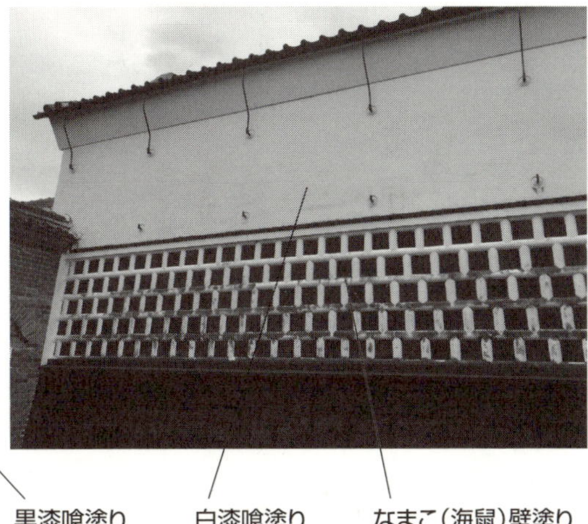

黒漆喰塗り　　白漆喰塗り　　なまこ（海鼠）壁塗り

写真２　小舞下地

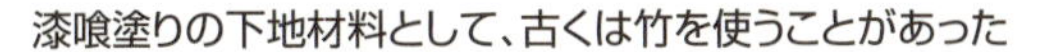

漆喰塗りの下地材料として、古くは竹を使うことがあった

54 仕上塗材

厚い塗膜を形成する化粧材

仕上塗材（しあげぬりざい）とは、着色やつや出しを目的として造形的なテクスチャーやパターンを付与できる塗膜を形成する材料のことを言い、塗り厚さは0・3〜15㎜程度になります。集合住宅や一戸建ての内外壁に使用されることの多い材料です。日本産業規格（JIS）では建築用仕上塗材として規定しています。これに似た材料に塗料がありますが、塗料は一般的には着色や防錆などを目的として平滑な薄膜状の塗膜（塗膜厚さ数十㎛）を形成する材料として区別しています。仕上塗材や塗料の役割は、太陽光や降雨などの自然環境から建築物を保護すること、建築物の美観を高めることに加え、防かび、防水、調湿などの様々な機能を付与することにあります。

仕上塗材の原料は、塗膜を形成するための基材となる結合材（セメントや合成樹脂など）、骨材（けい砂、色粉、炭酸カルシウムなど）、原料を溶かすための溶媒（溶剤、水など）、粘性を付与するための添加剤（増粘剤や造膜助剤など）になります。これらを混ぜ合わせて液体にした状態で塗布します。

仕上塗材の塗布に用いる器具にはローラー、エアースプレーガン、こてなどがあり、それぞれに特有のテクスチャーを作ることができます（図）。代表的な仕上塗材の種類は、薄付け仕上塗材（通称、リシン）、厚付け仕上塗材（通称、スタッコ）、複層仕上塗材（通称、吹付けタイル）、可とう形改修用仕上塗材があり、大まかには塗り厚と用途によって分類されます（写真）。塗り厚は、薄付け仕上塗材では3㎜程度以下、厚付け仕上塗材では4〜10㎜程度、複層仕上塗材では3〜5㎜程度、可とう形改修用仕上塗材では0・5〜1㎜程度になります。可とう形改修用仕上塗材は、その名の通り既存の建築物を改修する際に塗られる材料で、既存塗膜の上から施工ができるものになります。

要点BOX
- ●仕上塗材は塗料より厚塗りになる
- ●仕上塗材は結合材、骨材、溶媒で構成される
- ●塗り厚と用途によって分類される

図　仕上塗材の施工方法

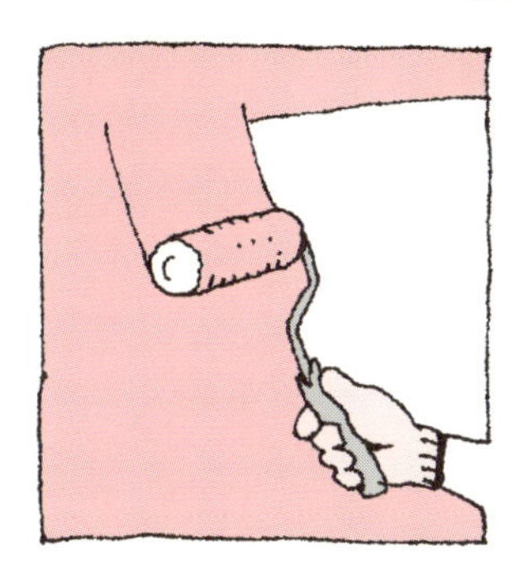

ローラー

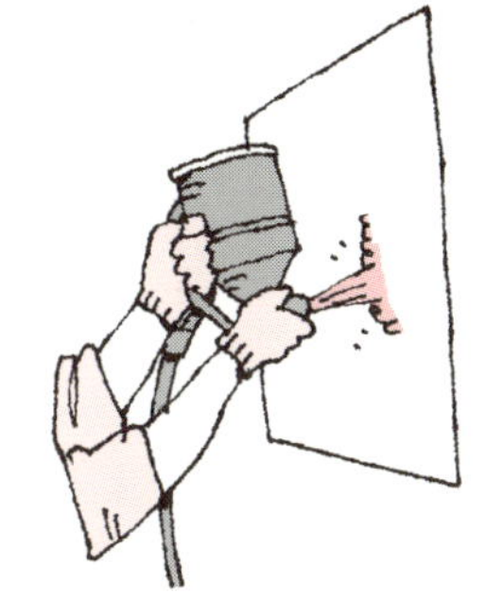

エアースプレーガン

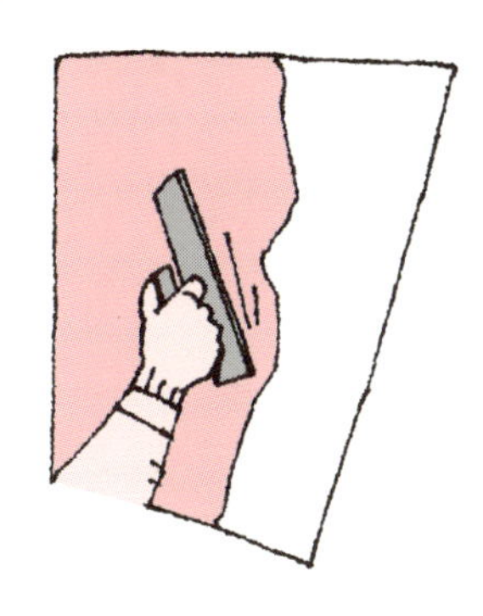

こて

写真　仕上塗材の施工方法

薄付け仕上塗材（リシン）

厚付け仕上塗材（スタッコ）

複層仕上げ塗材（吹付けタイル）

55 プラスチック、FRP

軽量で腐食しない、自由に成形できる新材料

　プラスチック（Plastic）は「柔軟な」や「自由な形を造れる」という意味があり、熱可塑性樹脂と熱硬化性樹脂の2種類があります。熱可塑性樹脂はポリエチレンのような線状または鎖状高分子であり、加熱すると軟化します。一方、熱硬化性樹脂はエポキシやウレタンのような網状高分子であり、加熱すると硬化しやすく、一度硬化したら軟化しません（図1）。プラスチックの長所は、①加工性がよい、②透明度がある、③軽量で高強度、④耐水性、⑤防水性、⑥電気絶縁性があることなどです。短所としては①耐熱性が低い、②可燃性である、③耐候性が低い、④局所的な力に変形しやすいことなどが挙げられます。

　ガラス繊維、炭素繊維などを用いてプラスチックを補強したFRP（Fiber Reinforced Plastics）は、繊維の種類と量および樹脂の種類の組合せによって、用途に応じた様々なものが開発されています（図2）。建築では、ユニットバスの浴槽、浄化槽、防水材、照明カバー、型枠などに使われています。FRPは水気が多い場所（海、プールなど）や腐食しやすい場所で使える材料です。最近では、システムキッチン・洗面化粧台などにプラスチックから作られた人工大理石が使われています。石質系の骨材を樹脂で固めて研磨したもので、インテリアには欠かせません。

　また、船舶、航空機、自動車、鉄道車両など幅広い産業分野において、構造部材にも用いられるようになってきました。FRPは強度があるのは繊維方向のみであり、接合部の強度評価が難しいため、日本ではまだ建築分野での構造部材として認められていません。しかし、海外では建築への適用事例があることや、国内でも歩道橋などで用いられてきていることから、建築でも特殊な構造において限定的に認可を求める方向にあります（写真）。

要点BOX

- ●熱可塑性樹脂と熱硬化性樹脂の2種類がある
- ●加工しやすく、軽量で強度が高く、防水性あり
- ●FRPはガラス繊維などでプラスチックを補強

図1　プラスチックの種類

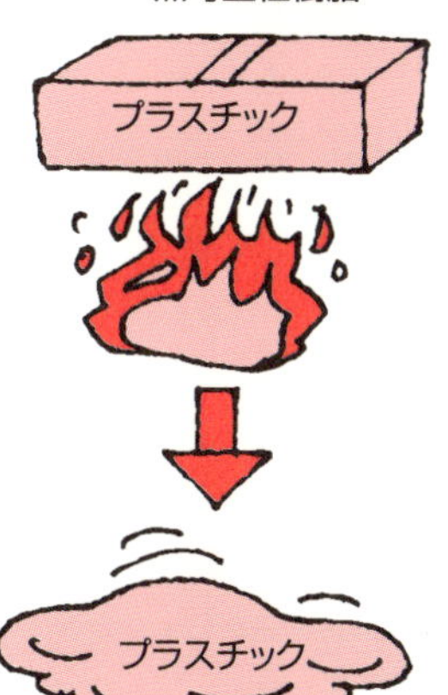

図2　プラスチック、FRP の加工品

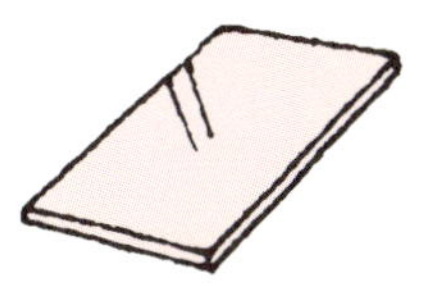

プラスチック板

防水シート

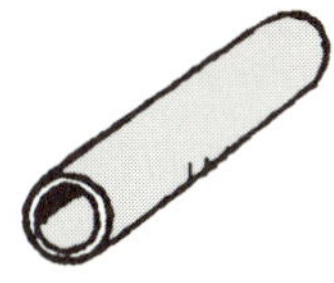

FRPパイプ

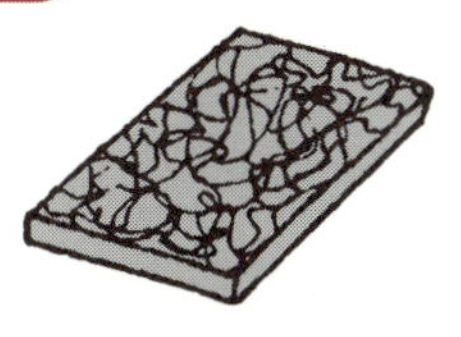

GFRP

写真　FRP 製のトラス橋、FRP 床板

（ものつくり大学）

56 塗料

表面保護と美装を目的とする

材料を保護して意匠性を高める塗料は、屋外でも屋内でも幅広く使用されており、その種類も豊富です。錆び止め、防虫、腐食防止など「保護」を目的とするものや、仕上げの装飾や色調などの「美装」を目的とするものが一般的です。材料の保護や美装以外の機能を持つ塗料には、超耐候性塗料、低汚染型塗料、耐火塗料、防火塗料、遮熱塗料、木部保護塗料などがあります。これらの樹脂系塗料の成分は、合成樹脂、添加剤、顔料、希釈材などからできており、これらの配合や割合を変えることにより各種の性能が変わります（図1）。

樹脂系塗料にはフェノール、フタル酸、エポキシ、ウレタン、塩化ゴム、フッ素などの樹脂があり、それぞれ用途に応じて用いられています。一方、自然素材系の塗料には、漆の木の樹液を原料とした「漆」、ミツバチの巣を溶かした「蜜蝋」、渋柿の渋（タンニン）を抽出した「柿渋」などがあります。これらの自然素材系の塗料は木質系の材料に適しており、その用途に応じて用いられています。

塗装を行う際に重要となるのは、塗装面の素地調整です。素地面から汚れを除去して平滑にするケレン処理と、欠損箇所を埋めて平滑にするパテ処理があります。鋼材面ではブラスト法やサンダー掛けにより、鋼材の素地を出します（図2）。

塗料には揮発性の強いシンナーなどの強い溶剤を使用するものと、引火点の高い弱溶剤を使うものがあります。溶剤系塗料は低温でも作業性がよく、乾燥時間が短いので施工性に優れています。また、耐久性も水系塗料より優れています。しかし、近年では溶剤に含まれるVOC（揮発性有機化合物）の施工中における労働安全の問題や、大気汚染、室内空気への配慮などの理由で水系塗料への移行が見られます。水系塗料は合成樹脂が乳化混合された塗料であり、水で希釈することができます。

要点BOX

- ●樹脂系塗料の成分は樹脂、希釈材、添加剤、顔料
- ●塗装面は塗装前に行う素地調整が重要
- ●溶剤系の塗料から水系塗料への移行が進む

図1　樹脂系塗料の成分構成

塗料材
- 合成樹脂
  塗料が固まる元になる成分
  耐候性、耐水性など性能を
  決定づける
- 添加剤
  塗料の性能を調整する補助薬品
  目的の性能に応じて添加する
- 顔料
  水、油、溶剤に溶けない粉末固体
  色をつけるために使用する

希釈材
- 有機溶剤
- 水

希釈材は蒸発して塗料には残らない。
樹脂の溶解や希釈に使い、施工性を
向上させる。
有機溶剤を使用する溶剤系塗料と、
水を使用する水系塗料がある

図2　素地調整

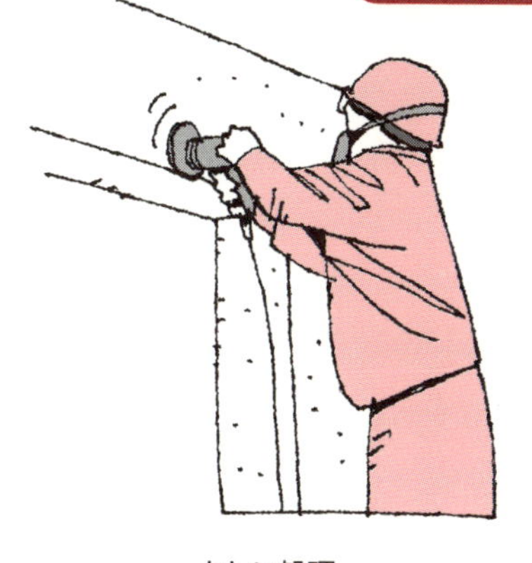

ケレン処理

パテ処理

ブラスト法

サンダー掛け

57 壁紙

紙製以外が主流の壁紙

壁紙は、大規模な建築物から住宅まで建築物の規模を問わず、壁の仕上げ材料として広く普及しています。壁紙の種類には、紙系、繊維系、塩化ビニル系、プラスチック系、無機質系、木質系など様々なタイプがありますが、最も使用頻度が高いのは塩化ビニル系です（図）。塩化ビニル系は、塩化ビニル樹脂を主素材とするか、紙や織布を裏打ち材として表面の化粧層に塩化ビニル樹脂をコーティングした壁紙で、通称ではビニールクロスと呼ばれます。

壁紙への要求性能には、色変化の抵抗性、隠蔽性、施工性、湿潤環境下における強度保持性、ホルムアルデヒドの放散量の抑制性、防火性などがあります。色変化の抵抗性は、紫外線の照射に対する退色や壁紙に接触した際の摩擦に対する色落ちを抑制できるかの指標です。隠蔽性は、壁紙を通した光の透過性の度合いを指す指標です。施工性は、接着剤によって張り付けた壁紙の接着状態によって評価します。塩化ビニル系の壁紙に使用する接着剤にはでん粉系や合成樹脂系があり、下地の素材によって使い分けます。湿潤環境下における強度保持性は、水中に一定時間浸けた壁紙の引張強度を指標としています。ホルムアルデヒドの放散量は、有害な化学物質によって室内が汚染され健康被害をもたらすことを抑制するため、一定以下とする必要があります。

壁紙は仕上げ材料として広い面積を覆うために、一定の規模以上の建築物では防火性能を有する必要があります。防火性能を有する材料のことを防火材料と言います。防火材料は、加熱開始後に燃焼しない時間の長さによって、不燃材料（20分）、準不燃材料（10分）、難燃材料（5分）の3種類に区分され、壁紙とその下地の複合材料として評価します。

要点BOX
- ●壁紙の種類は塩化ビニル系が主流
- ●要求性能は、色変化の抵抗性、隠蔽性など
- ●壁紙と下地の構成によって防火性能が異なる

図　壁紙の種類と特徴

紙系壁紙　加工紙、紙布、和紙、再生紙など

通気性が良く、施工が容易である。水分や摩耗に弱い。

繊維系壁紙　繊維壁紙、麻布、不織布など

通気性が良く、織物独特のテクスチャがある。汚れが落ちにくく、施工に熟練度が求められる。

塩化ビニル系壁紙　普通ビニル壁紙、発泡ビニル壁紙など

最も普及している。安価で施工が容易である。通気性が悪く、低温状態では施工しにくい。

プラスチック系壁紙（塩化ビニル系を除く）　オレフィン壁紙、アクリル壁紙など

燃焼時に有害ガスの発生が少ない。オレフィン壁紙は光沢が少ない。アクリル壁紙は施工後に匂いが若干残る。

無機質系壁紙　ガラス繊維壁紙など

防火性能に優れている。

木質系壁紙　天然木、コルクなど

天然の自然な質感が特徴的。

58 畳

平安時代から現代まで使われている

畳は、日本固有の床材料であり、平安時代に原形が作られ現在でも住宅を中心として広く普及しています。畳の構成は、畳表、畳床、畳へりに大別できます（図1）。畳表には、天然素材であればイグサを織機で編んだものが使われます。この他にも、ポリプロピレンや樹脂でコーティングした和紙など、様々な素材の製品があります。

畳床による分類では、稲わら畳床、稲わらサンドイッチ畳床、建材畳床があります。稲わら畳床は、一般には本畳床と言われ、畳床に稲わらを何層にも重ね合わせた昔ながらの製法です。稲わらサンドイッチ畳床は、ポリスチレンフォームまたはファイバーボード（タタミボードと言います）を畳床として、これを稲わらで挟み込んだものを言います。建材畳床は、畳床をタタミボードまたはポリスチレンフォームのみで構成して、これに畳表を取り付けたものを言います（図2）。ポリスチレンフォームには高い断熱性があるため、畳を介した熱伝導を抑制することができ、また、軽量化することができます。これに対して、稲わら畳床は製造コストや重量の点から敬遠されることが多く、流通する畳の多くがポリスチレンフォームやタタミボードを使った製品となっています。畳へりは、合成繊維、麻、絹、綿などを織り込んで作られ、通常約3㎝（一寸）の幅がありますが、畳へりが無く畳表を側面に巻き込んで仕上げた畳もあります。

畳の寸法は、1910×955×厚55㎜（京間）、1820×910×厚55㎜（中京間）、1760×880×厚55㎜（江戸間、関東間、田舎間など）など各種のサイズがあり、地域によって使い分けられています。なお、京間は近畿、中国、四国、九州地方、中京間は愛知県や岐阜県などの中京地方、江戸間は関東地方や東北地方の一部になります。

要点BOX
- ●畳は畳表、畳床、畳へりで構成される
- ●畳床の材料によって3種類に分類される
- ●畳の寸法は地域によって異なる

図1　畳の構成

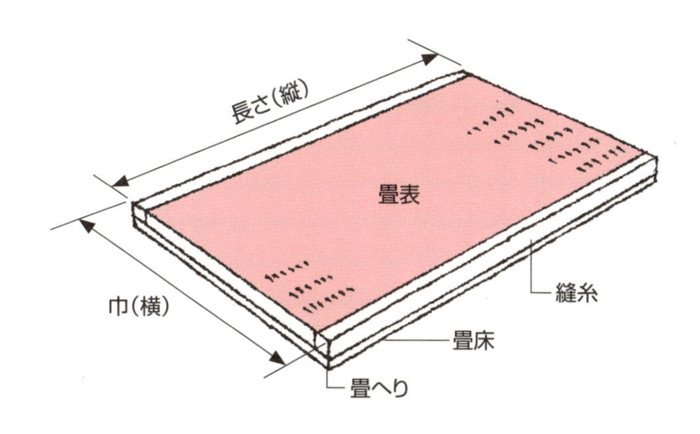

図2　畳床の種類

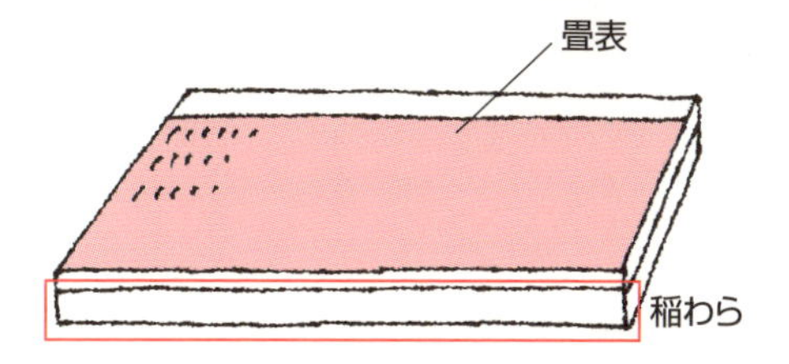

稲わら畳床

畳床に稲わらを何層も重ねた畳床

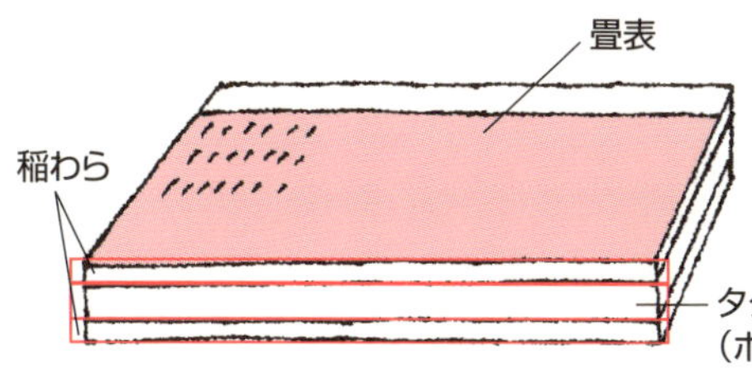

稲わらサンドイッチ畳床

タタミボードを稲わらで挟み込んだ畳床

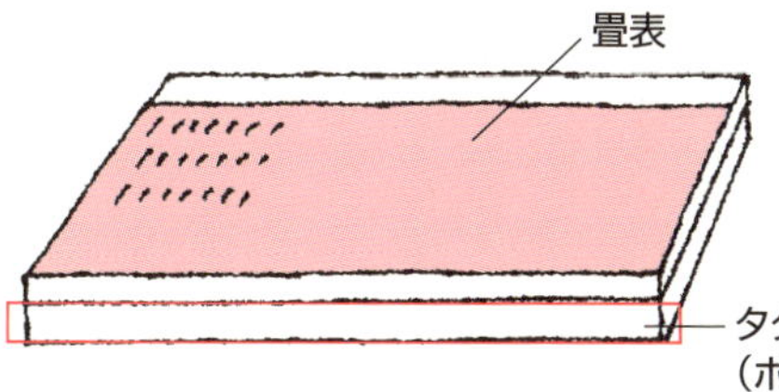

建材畳床

タタミボード、ポリスチレンフォームのみで構成された畳床

59 カーペット

歴史は三千年前にさかのぼる

カーペットの歴史は古く、手織りの絨毯としておよそ三千年前からありました。その後イギリスの産業革命によって機械織りが発明され、現在に至っています。カーペットの種類は、パイル（カーペット表面を覆う輪状またはこれを切り揃えた繊維のこと）の有無によって大別されます。パイルカーペットには、織りカーペット、刺しゅうカーペット、編みカーペット、接着カーペットなどがあります。パイルのないカーペットには、機械織りカーペット、圧縮カーペットがあります。カーペット表面のテクスチャは、パイルの形状、長さ、密度、構造によって異なります。ウィルトンカーペットは、英国のウィルトン市を発祥とし、1～5色の糸を使って模様を織り出すことができます。アキスミンスターカーペットは、配列した色糸を織り込んで作られるもので、比較的高級なカーペットに分類されます。タフテッドカーペットは、生産速度が速く普及用に作られたカーペットで、基布の間でラテックス（ゴムのこと）によってパイルを固着させます。

この他に、OAフロア（パソコンなどの配線を床下に配線するための空間を設けた2重床のこと）やオフィスの執務空間などに多用されるタイルカーペットがあります。タイルカーペットは一般には500㎜角の正方形で、これを接着剤を使って敷き並べ下地に固定します（図）。パイルのないカーペットではニードルパンチカーペットを目にする機会が多いと思います。ニードルパンチカーペットは、積み重ねた繊維を針（ニードル）で突き刺して絡み合わせフェルト状に加工されたもので、バックヤードの機能を重視する部屋（倉庫など）の床に使われるほか、自動車のトランクや床材などにも使われます。カーペットに使われる繊維には、ウール、綿、絹、麻などの天然素材と、レーヨン、ナイロン、ポリエステル、アクリルなどの化学繊維があり、好み、用途、コストなどによって使い分けられます。

要点BOX

- ●カーペットはパイルの有無によって分類
- ●パイルの形状、長さ、密度、構造によって分類
- ●パイルのないカーペットはバックヤードで使用

図　カーペットの構造

ウィルトンカーペット

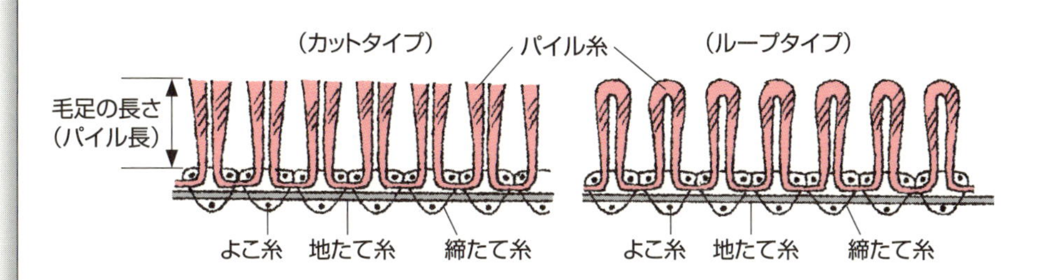

アキスミンスターカーペット

タフテッドカーペット

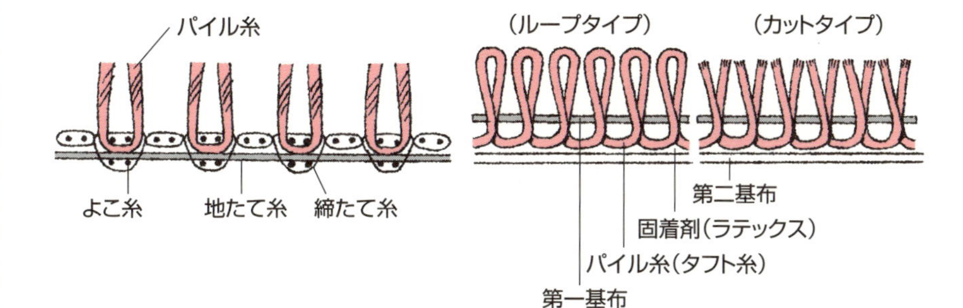

タイルカーペット

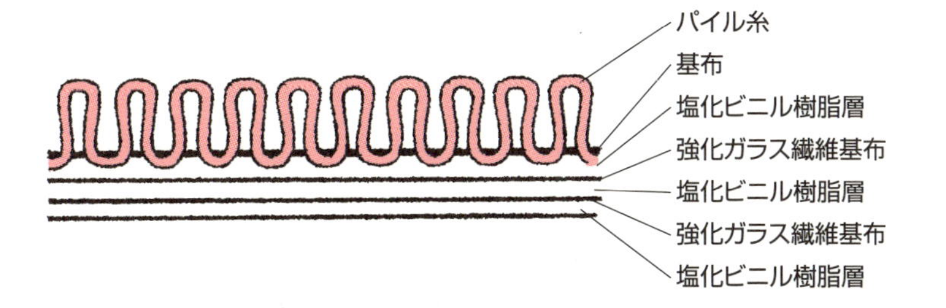

60 表面含浸材

はっ水してコンクリートを保護する

鉱物資源に由来するセメントや鉄筋を大量に使った鉄筋コンクリート造建築物の長寿命化を図ることは、地球環境保護には有効です。

コンクリートの耐久性は、外部からの劣化因子（水、二酸化炭素、塩化物イオンなど）の浸透により影響を強く受けます（37項）。この影響を、硬化後のコンクリート表面に劣化因子の浸透を妨げる効果のある液材を浸透させることで、抑制することができます。この液材のことを表面含浸材と言い、コンクリート表面の数㎜程度の範囲に浸透させることができます。表面含浸材には、シラン系とけい酸塩系の2種類があります。シラン系はコンクリート表層部に吸水防水層を形成し、けい酸塩系はコンクリートへのアルカリの付与やコンクリート表層部に緻密な層を形成することができます。ここでは、シラン系について少し詳しく紹介します。

シラン系は、劣化因子のうち水分（液体）および塩化物イオンの浸透抑制に効果がありますが、水蒸気や気体は透過します。シラン系を浸透させたコンクリートの表面に水を滴下するとはっ水効果により水玉が形成されます（写真1）。一方で、コンクリート表層の物質移動を遮断する材料で完全に覆うと、コンクリート内部にある水分が外部へ移動できなくなり、内部に滞留した水分が鉄筋の腐食などを引き起こす場合があります。このため、コンクリートに内在する水分（水蒸気）は排出し、外部からの水分（液体）の浸透のみを抑制することは理に適っています。一方で、気体は透過しますので、二酸化炭素によるコンクリートの中性化に対する抑制効果は、何も浸透させていないコンクリートよりは向上しますが、大きくは期待できません。施工による効果の持続性は経過年数とともに明確になります（写真2）。

要点BOX

- ●表面含浸材はシラン系とケイ酸塩系の2種類
- ●シラン系は水分と塩化物イオンの浸透に抵抗
- ●表面含浸材は建物の長寿命化に貢献する

写真1　浸透性吸水防止材のはっ水性

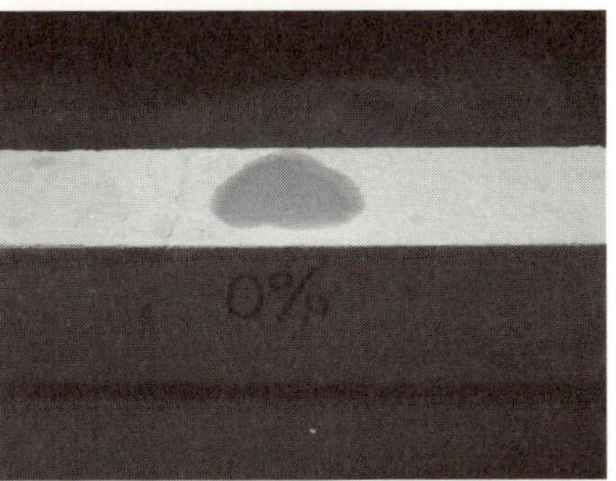

上面

側面

表面含浸材あり　　　　表面含浸材なし

表面含浸材を表面へ浸透させることではっ水効果が得られるため、
表面に水玉を形成する。

写真2　浸透性吸水防止材の経年変化

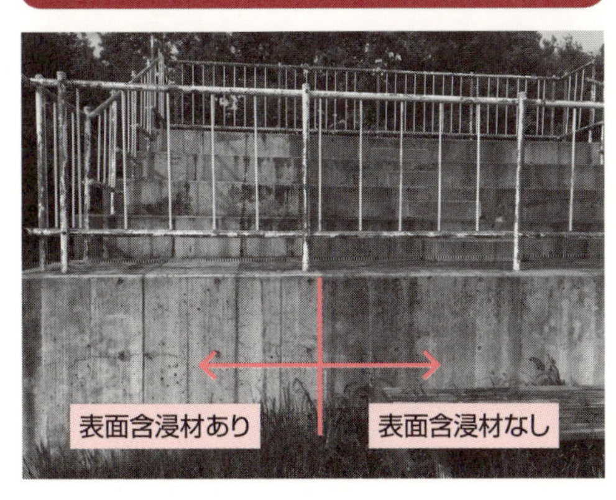

表面含浸材を浸透させてから10年が経過したコンクリート。都度再施工することで、コンクリートの劣化を抑えられる。

Column

小麦わらで作った板

ボード状の建築材料の材料には、セメント、せっこう、合板、木材小片、木材繊維、塩化ビニル、金属、ガラス、石など多様な種類があります。これらの材料は、ほとんどが鉱物資源や森林資源に由来する製品です。鉱物資源は、数万年から数十万年の時を経て形成される有限の資源です。一方の森林資源は、植樹してから製品の材料として活用できるようになるまで40〜50年掛かる場合もあります。すなわち、建築物を作るということは、リサイクルやリユースなどの工夫によって環境への負荷を低減する対策を行ったとしても、多少なりとも地球環境に影響を及ぼすと言えます。これに対して、草は生育する速度が速く、刈り取ったとしても根を残しておけば再び短期間で成長する特徴があります。すなわち原料供給に対する環境負荷が少ないことを意味します。

草を使ったボード状の建築材料には畳がありますが、これ以外にケナフ（アオイ科フヨウ族の植物）を使った開発例はあるものの一般に普及するに至っていません。これに対して、刈り取った小麦わらを使ってボード状の建築材料として開発されたのが麦わら成形板（以下、OSSBと言います）です。小麦わらは、実が食用に使用される以外の、刈り取り後の茎部は家畜の飼料や、途上国を中心として焼却処分される場合もあり、環境への影響を考慮すれば改善が望まれていました。この麦わらを建築材料に活用できればこれらの問題解決につながりますし、フェアトレードの概念に則り不要となった小麦わらを買い取ることにより農家へ還元することができます。

OSSBは、不純物を取り除いた麦わらを乾燥させ適当な長さに切断し、接着剤と防かび剤などと混ぜ合わせた後に熱圧成形を行って所定の大きさに切断して出荷されます。麦わら繊維がランダムに配されるので、強度の異方性を抑制することができます。また、麦わらの光沢度が高いため、黄金色に発色し独特のテクスチャーを生み出すことができます。

写真　麦わら成形板（OSSB）を使った仮設構造物の例

建築の性能を高める機能性材料

61 防水材料

防水材料は
アスファルト系、シート系、
塗膜系

防水材料は雨水や地下水などが建築内部に浸入することを防ぐ材料であり、屋根やビルの屋上、プールなどの面状に連続した部分に適用します。建築材料の中に水分が出入りすると、材料強度低下、吸水膨張、乾燥収縮、断熱性の低下、鉄筋や鋼材の腐食、木材の腐朽、塗膜の膨れなどの影響が生じます。これらを防止するため、防水工法が必要になります（図1）。

アスファルト防水工法はコンクリートや軽量気泡コンクリート（ALC）の下地表面に、アスファルトを繊維に含浸したルーフィングを溶融して接着しながら積層します（図2）。ビルの屋上などに適した工法であり、設備が大掛かりで大面積の施工に適しています。施工時に火気を使用してアスファルトを溶融するため、火災、悪臭、煙の対策が必要です。アスファルトは耐酸性、耐アルカリ性、耐久性、防水性、接着性、絶縁性に優れた材料です。最近では、合成樹脂の不織布を使った伸び能力の高いストレッチアスファルトルーフィングも用いられています。

一方、屋上や屋根の防水などに用いられるシート防水工法は、合成ゴム系、塩化ビニル樹脂系、またはエチレン酢酸ビニル樹脂系のシートを接着剤で貼り付けて防水層を造る工法です。アスファルト防水よりも工程が少なく施工が早いという特徴があります。下地のひび割れなどにも追従性がありますが、シート間の接合部に弱点が生じます。

住宅のバルコニーなどに用いられる塗膜防水工法は、下地材に液状の高分子防水材料を直接塗布して、その硬化によって防水層を構成する工法です。ウレタンゴム系、ゴムアスファルト系、アクリルゴム系などがあり、液状の材料を刷毛やローラーで塗布するため、複雑な形状の場所でも施工が可能です。専用の吹付け機で一定の厚さに吹き付けて施工する工法もあります。

要点BOX
- ●アスファルト防水はルーフィングを溶融し積層
- ●シート防水はゴム系、樹脂系シートを接着
- ●塗膜防水は液状の高分子材料を塗布

図1　各種防水工法

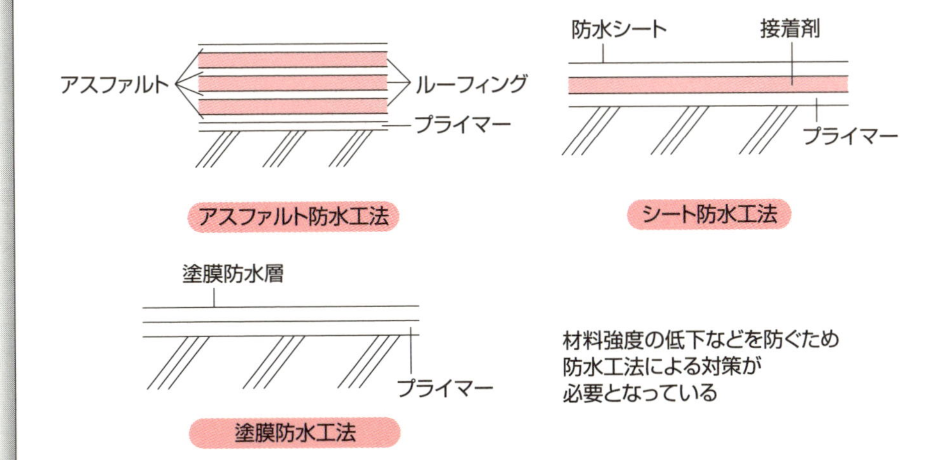

図2　アスファルト防水の施工

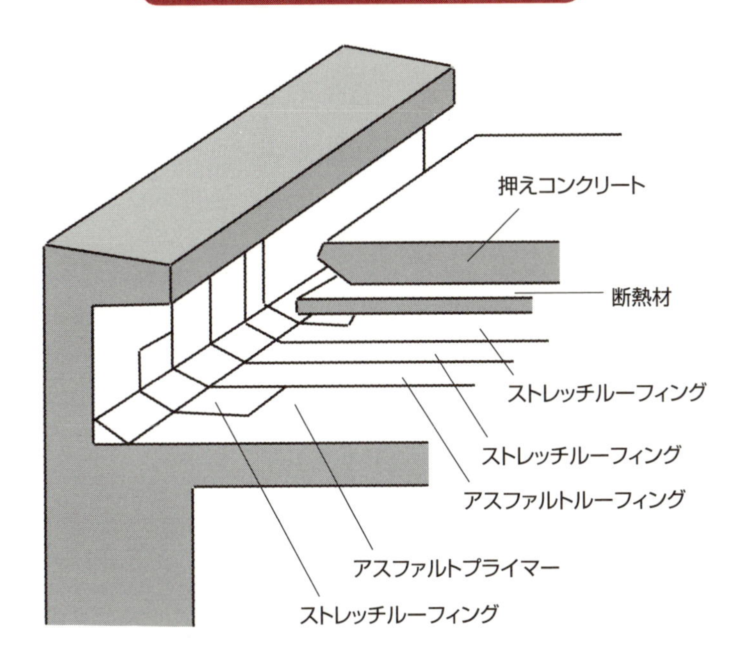

62 シーリング材

建築部材の目地や隙間を埋める

シーリング材は、建築を構成する部材の目地や隙間を埋める材料で、密封、防水の機能を持たせるものです。表面も内部も硬化して弾力があり、被接着部材に追従します。似たものに、コーキング材があります。コーキング材はシーリング材の一種であり、表面に被膜がありますが、内部は不乾性で硬化していないものです。

シーリング材には2成分形の混合反応硬化型と、1成分形の湿気硬化型や乾燥硬化型があります。シーリング材の種類はシリコーン、変性シリコーン、ポリサルファイド、アクリルウレタン、ポリウレタン、ウレタン、アクリルなどがあり、硬化タイプや変形率が異なります（表）。要求される性能は建築物を構成する部材間の水密性の確保ですが、変形追従性、接着性、耐疲労性、耐候性、耐久性、意匠性なども選定要素となります。また、構造物のシール箇所により要求性能が異なります。中高層ビルの金属製カーテンウォール、軽量気泡コンクリートALC板、大型プレキャストコンクリート壁、ガラスとサッシのシール、コンクリート壁のき裂誘発目地など適用対象構造に適したシーリング材があります。

建築用シーリング材の種類と品質は、JISにより規定されています。また、シーリング材を現場に搬入した後は、常温、常湿の場所を選び、直射日光や雨が当たらないように保管します。1成分形のシーリング材の施工は専用のガンに装填し、握りを引いて材料を押出して目地部分に充填します。

ガスケットはシーリング材と同じく水密性や気密性を高めるもので、部材間の目地やサッシ周りに使用する成形されたゴム状弾性体です（図）。ガスケットにはドアやサッシに用いる気密ガスケット、部材間に用いる目地ガスケット、窓ガラスを直接支持する構造用ガスケットなどがあります。

要点BOX
- 1成分形には湿気硬化や乾燥硬化タイプがある
- 変形追従性、接着性、耐候性、耐久性が必要
- ガスケットは成形されたゴム状弾性体のこと

表　シーリング材の性能

種類		シリコーン	変性シリコーン	ポリサルファイド	アクリルウレタン	ポリウレタン	アクリル
変形率(%)温度変化時	伸縮	20	20	15	10	10	7
	せん断	30	30	30	20	20	10
1成分形		湿気硬化	湿気硬化	湿気硬化	乾燥硬化	湿気硬化	乾燥硬化
2成分形(混合反応)		○	○	○	○	○	
金属カーテンウォール		○	○				
コンクリートカーテンウォール			○	○			
ALCパネル			○		○	○	
プレキャストコンクリート壁式構造			○		○	○	
ガラスとサッシのシール		○		○			○
コンクリート壁のき裂誘発目地			○	○	○	○	

図　シーリングとガスケット

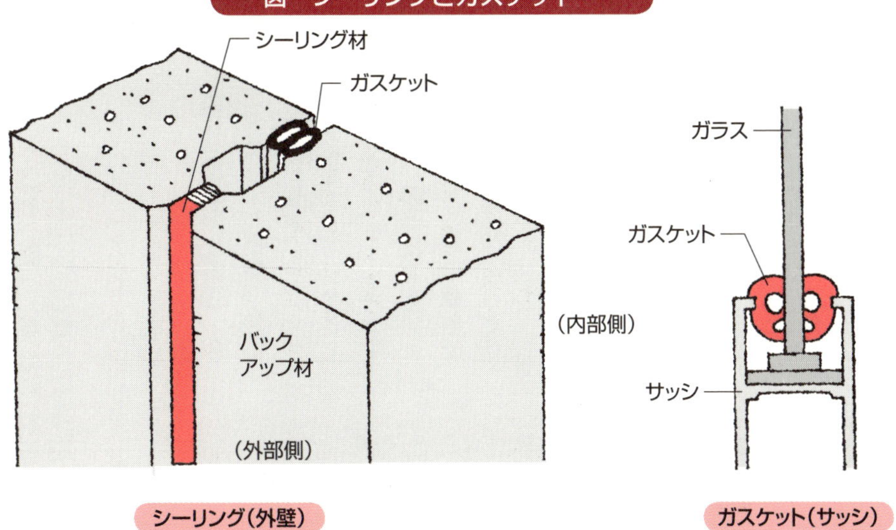

シーリング(外壁)　　ガスケット(サッシ)

63 接着剤

床材、壁材、天井材など仕上げ材の接合に多用

紙、布、木材、金属、プラスチック、コンクリートなどの接着する部材の要求性能に応じて、接着剤を選択することが重要です（表）。最近では、建築分野における接着剤は床材、壁材、天井材などの各種仕上げ材の接合に多用されています。従来の釘、ねじ、または溶接に代わって、接着剤の用途拡大と工法の合理化が進んでいます。一方で、接着剤から拡散される揮発性有機化合物は、シックハウス症候群を引き起こす可能性があるので注意が必要です。

天然系の接着剤にはでん粉糊やにかわ、ゼラチン系などがありますが、接着力や耐水性に劣るため、近年では合成高分子系接着剤が主流です。木材に使われる安価なユリア樹脂、木材やプラスチックの接着に使われる酢酸ビニール樹脂は安価で良好な接着性を持ちますが、耐水性、耐熱性、耐候性に優れず、屋外には使用できません。多用途で接着力が高く耐水性や耐熱性に優れたエポキシ樹脂、合板や集成材の積層に使われるフェノール樹脂、伸縮性があり安価な合成ゴムなどがあります。

コンクリート、鋼材、木材、プラスチックなどあらゆるものの接着に高い性能を発揮するエポキシ樹脂は、ポリアミンやポリアミドなどの硬化剤を加えて、化学反応により硬化させる2成分形接着剤です。耐薬品性、耐水性、耐熱性に優れ、コンクリートのひび割れ補修にも使われています。

JISで規定されている建築用接着剤は、床仕上げ材用、木れんが用、壁・天井ボード用、発泡プラスチック保温板用、陶磁器質タイル用、造作用、床根太用、外装タイル張り用、建築補修注入用、壁紙施工用および建具用、木材接着用などの用途別に応じて規定されています。また施工に際しては、塗料と同様に被接着物の素地調整など、表面処理が重要になります。

要点BOX
- ●シックハウス症候群に注意が必要
- ●コンクリート、鋼材、木材、プラスチックを接着
- ●建築用接着剤は用途別にJISで規定

表　接着剤の特性と用途

種類		特性と用途
天然系	でん粉糊	小麦、とうもろこしなどのでん粉でつくられる。紙などの接着に用いる。耐水性が低い。
	植物性にかわ	大豆の成分であるタンパク質からつくられる。耐水性はあるが粘性が低いため、硬木には適さない。
	動物性にかわ	獣皮などを煮沸して得られるゼラチンでつくられる。木材の接着に用いられる。耐水性が低い。
合成高分子系	ユリア樹脂	尿素とホルマリンからつくられる。安価で生産量が多い。集成材や普通合板の接着に用いられる。
	酢酸ビニール樹脂	エマルジョン系は木工用に用いられる。溶剤系は紙、木材、プラスチックの接着に用いられる。いずれも耐水性が低い。
	エポキシ樹脂	接着力が非常に強く、耐熱性、耐水性に優れている。金属、石材、コンクリート、陶磁器などの接着に用いられる。
	フェノール樹脂	耐熱性、耐水性に優れている。合板、集成材、積層材の他、一般木工用の接着に用いられるが、高価である。
	合成ゴム	従来は天然ゴムが主体であったが、現在では合成ゴム系が多い。弾性に富み、伸縮性が高く、安価である。木材やプラスチックの接着に用いられる。
	ウレタン樹脂	1液形と2液形があるが、建築分野では1液型が用いられる。無溶剤のため大気汚染の心配はない。木、コンクリートなどの接着に用いられる。
	変性シリコン樹脂	充填剤や硬化促進剤を配合した1液形のものが多い。無溶剤のため大気汚染の心配はない。木、コンクリートなどの接着に用いられる。

64 防火・耐火材料

耐火試験で加熱時間に対する性能を規定

建築物には、木材、紙、プラスチックなどの可燃性材料が多く使用されており、火災に対する危険性が高いといえます。建築物の周囲で発生した火災による延焼を抑制するため、外壁または軒裏に必要とされる性能を防火性能といい、政令で定める技術基準に適合する材料を防火材料と呼んでいます。

一方、通常の火災が鎮火するまで、建築物の倒壊および延焼を防止するために必要とされる性能を耐火性能といい、政令で定める技術基準に適合する材料を耐火材料と呼んでいます（図）。

建築基準法における防火材料の要求性能は、①燃焼しないものであること、②防火上有害な変形、溶融、き裂などの損傷が生じないこと、③避難上有害な煙またはガスが発生しないことです。

建築に用いられる材料は以前のように天然材料が主体ではなく、化学物質であるプラスチックや樹脂系接着剤などが増えているため、火災による熱よりも、有害なガスや煙による窒息死の方が危険とされています。加熱開始後30分間、①から③の条件を満たすものを不燃材料、20分間、①から③の条件を満たすものを準不燃材料と呼んでいます。不燃材料はコンクリート、れんが、瓦、繊維強化セメント、鉄鋼、アルミニウム、モルタル、漆喰、せっこうボード、ロックウール、グラスウールなどが挙げられます（表）。

建築基準法における耐火材料は、火災による熱が部材に加えられた時の要求性能が求められています。それらは、①構造耐力上支障のある変形、溶融、き裂などの損傷が生じないこと、②加熱面以外の裏面の温度が燃焼温度に達しないこと、③屋外に火災を出す原因となるき裂や損傷が生じないことです。耐火試験では部材ごとに加熱時間が規定されており、①から③を満足する時間に応じて、耐火材料や準耐火材料と呼ぶことができます。

要点BOX
- ●延焼抑制性能を有する防火材料
- ●建築物の倒壊および延焼を防止する耐火材料
- ●構造部材ごとに要求性能が異なる

図　耐火材料

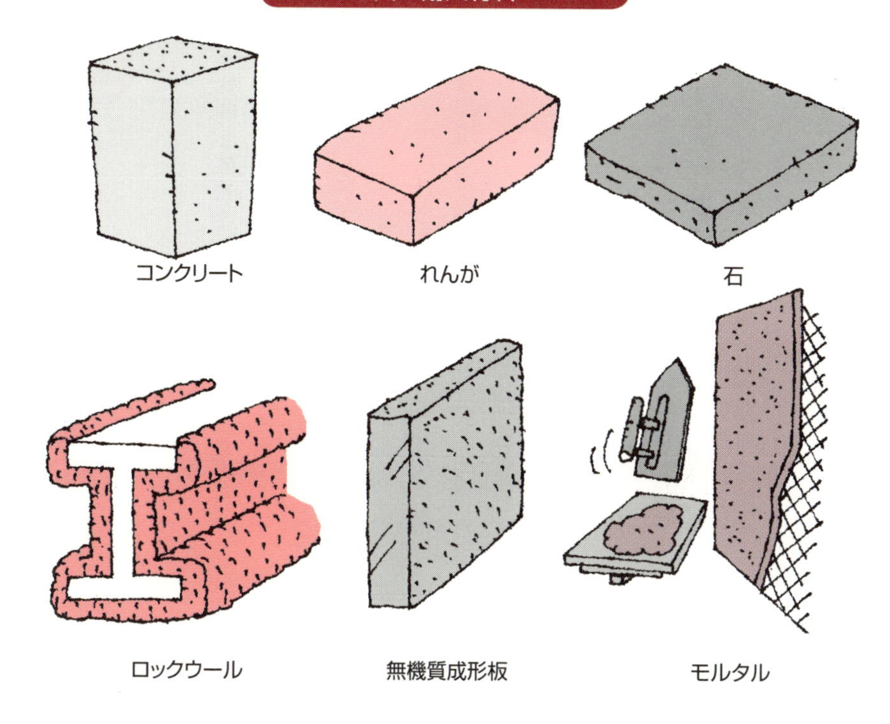

表　不燃材料と準不燃材料

不燃材料
・コンクリート・れんが・瓦・陶磁器質タイル・繊維強化セメント板 ・ガラス繊維混入セメント板（厚さ3mm以上） ・繊維混入ケイ酸カルシウム板（厚さ5mm以上） ・鉄鋼・アルミニウム・金属板・ガラス・モルタル・漆喰・石 ・せっこうボード（厚さ12mm以上） ・ロックウール・グラスウール板
準不燃材料
・せっこうボード（厚さ9mm以上） ・木毛セメント（厚さ15mm以上） ・硬質木片セメント（厚さ9mm以上、かさ比重0.9以上） ・木片セメント（厚さ30mm以上、かさ比重0.5以上） ・パルプセメント（厚さ6mm以上）

65 透過性材料

アクリル、ポリカーボネートの適用が増加

最も一般的な透過性材料は50項で示したガラスですが、それ以外にもアクリルやポリカーボネートなどの樹脂材料などの適用が増えてきています（表）。

アクリル板は、主に店舗の装飾や看板関係に用いられ、住宅では障子などの室内建具に採用されています。屋外で使用しても特に問題ありません。透明度や強度の低下は極めて低く、10～20年程度の耐久性があります。燃焼性は木材とほぼ同程度で、着火温度は４００℃です。燃焼速度は遅く、引火性はありません。高電圧に耐え、絶縁材料として広く利用されています。使用温度はマイナス40℃からプラス65℃です。アクリルの表面の固さは、ほぼアルミニウムと同じです。研磨により再仕上げが可能です。比重は１・19、耐衝撃強度はガラスを１とすると10～16倍です。

ポリカーボネートは透明性、耐熱性、耐寒性などに優れ、ガラスの代わりとして安全性が求められる浴室ドア、ベランダやバルコニーテラスの屋根、カーポートの屋根などの建築資材で使われます。ガラスより軽量で衝撃に強く、その耐衝撃性は同じ厚さのガラスの約２００～２５０倍、アクリルの30倍と言われています。

ガラスももちろん透過性材料で、壁などの構造材料に使われるガラスブロックとプロフィットガラスがあります。ガラスブロックは、プレス成型された2個の箱型ガラスを加熱溶着して製造します。内部が真空状態に近いため、音響透過損失が大きく、優れた遮音性を発揮するほか断熱性や耐火性に優れています（図1）。プロフィットガラスは溝型ガラス成形材であり、半透明の素材で光の拡散による意匠性があります（図2）。さらに、ダブル構成にすることで断熱性や遮音性が向上し、ボックス型にすると耐風圧力が向上します。

要点BOX
- ●アクリルは透明度と耐久性が高く、加工が容易
- ●ポリカーボネートは耐衝撃性が高く、燃えにくい
- ●ガラスブロックやプロフィットガラスは構造材料

表　透過性材料の比較

種類	アクリル	ポリカーボネート	ガラス
長所	最も透明度が高い 優れた耐久性 加工性がよい	耐衝撃性が高い 強度が高い 燃えにくい	傷つきにくい 耐久性が高い 燃えない
短所	高温で変形 燃えやすい	傷つきやすい 加工しにくい	割れやすい 加工が困難、重い
透明度	93%	86%	92%
加工性	良	難	難
耐候性	高い	低い	高い
強度	強い	非常に強い	破損しやすい
硬さ	3〜4	1(基準)	10
燃焼性	可燃	自己消化	不燃
比重	1.19	1.20	2.5

図1　ガラスブロック

中空(約0.3気圧)

2つのピースを溶着して1つにする

図2　プロフィットガラス

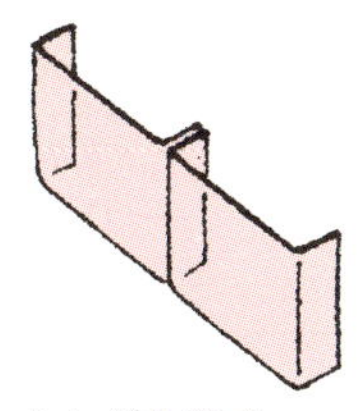

シングル構成

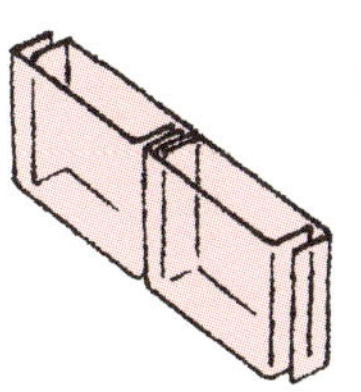

ダブル構成
(ノーマル)

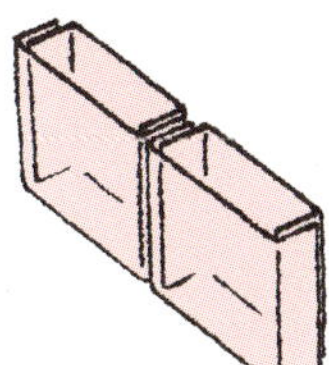

ダブル構成
(インセット)

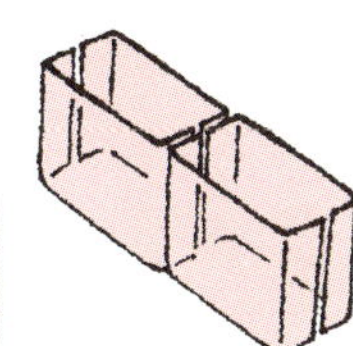

ボックス型
面使い

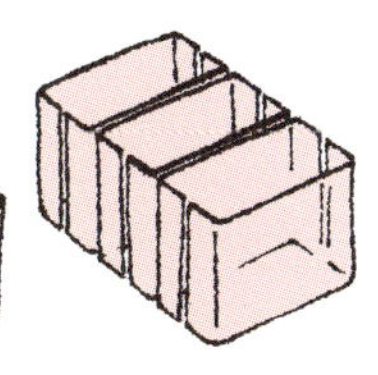

ボックス型
袖使い

66 断熱材料

屋内外の熱移動を減らす材料

建築物は、暖房、冷房、太陽熱の作用などにより、屋外から屋内、または屋内から屋外に熱の移動が生じます。断熱材料は壁、天井、床、屋根などに設置して、屋外と屋内の熱の移動を少なくする材料です。これにより、冷暖房の効率向上、結露の防止などに繋がります。

断熱材料の種類は、無機質繊維系、プラスチック系、自然素材系の3つに区分できます。無機質繊維系断熱材の代表的なものに、グラスウールとロックウールがあります。グラスウールはガラスを融かして、繊維状に引き出したものを集めた綿状の断熱材です。耐火性があり木造建築に使われることが多いです。ロックウールは安山岩を融かして、小さな孔から噴出させて繊維状にしたものを集めた綿状の断熱材です。また、粒状のロックウールは鉄骨造の耐火被覆として使用されています。

プラスチック系断熱材の代表的なものはポリエチレンフォーム、硬質ウレタンフォーム、およびフェノールフォームなどがあります。発泡スチロールの一種であるポリエチレンフォームは剛性があり、熱伝導率が小さく、耐水性、耐吸湿性に優れているため、外断熱や外張りに使用する場合もあります。熱を伝えにくいガスを封じ込めた硬質ウレタンフォームやフェノールフォームは薄くて断熱性に優れています。

自然素材系断熱材には、新聞古紙をリサイクルしたセルロースファイバー、木質繊維ボード、羊毛断熱材、炭化コルクなどがあります。

木造や鋼構造の断熱には、柱間に充填する充填断熱工法、柱の外面を断熱する外張り断熱工法、およびこれら両者を組み合わせた付加断熱工法があります（図1）。一方、鉄筋コンクリートの断熱には、躯体内部に断熱材を吹き付けたり、張り付けたりする内断熱工法と、躯体を断熱材で覆う外断熱工法があります（図2）。

要点BOX
- ●冷暖房の効率向上、結露の防止に役立つ
- ●無機質繊維、プラスチック、自然素材の3種類
- ●充填断熱工法、内断熱工法、外断熱工法がある

図1　木造、鋼構造の断熱工法

●充填断熱工法

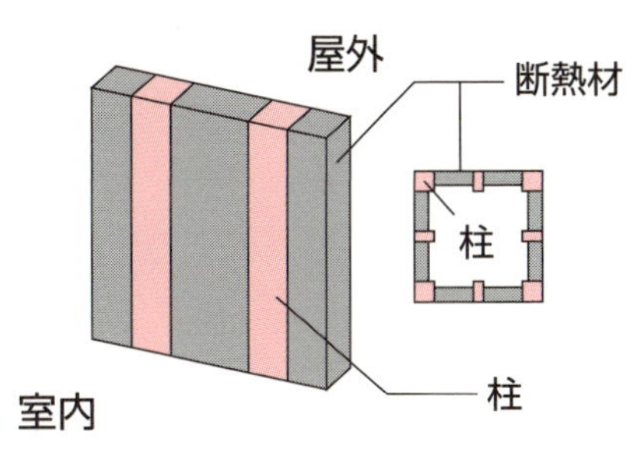

主に繊維系の断熱材を用い、柱など構造部材間に充填する

●外張り断熱工法

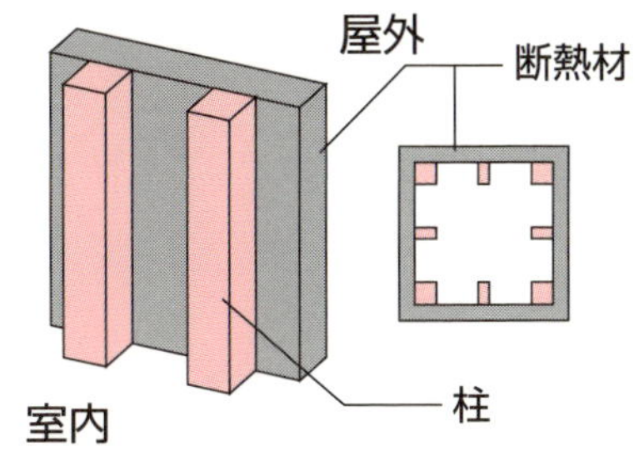

発泡系の断熱材など、ボード状の断熱材を構造体の外側に張る

●付加断熱工法

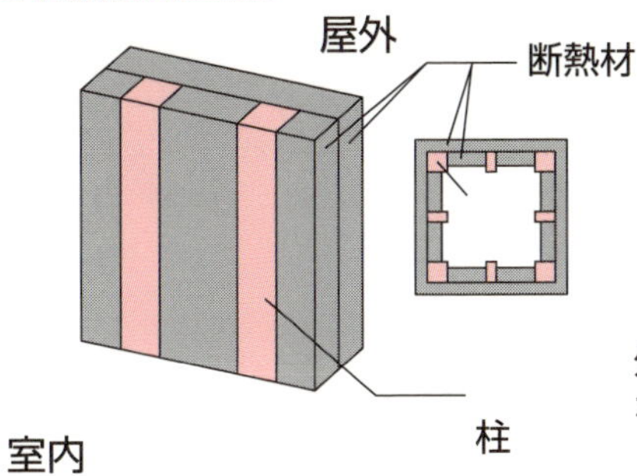

外張り断熱工法と充填断熱工法を併せたもの。寒冷地向け

図2　鉄筋コンクリート造の断熱工法

●内断熱工法

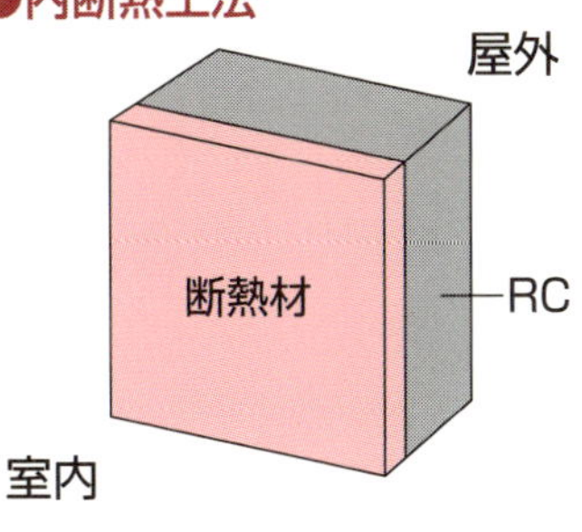

コンクリート内部に断熱材を吹き付けたり、張り付けたりする。

●外断熱工法

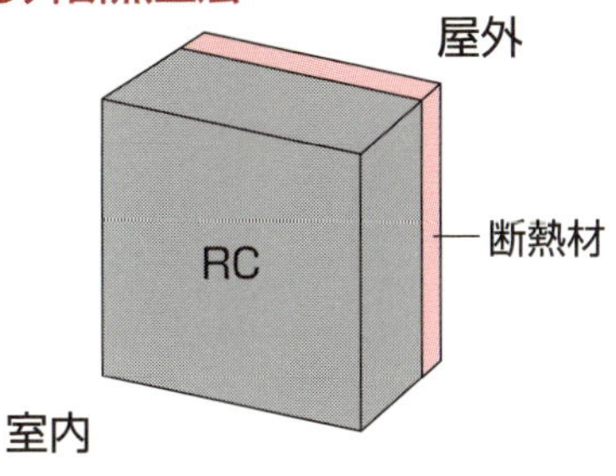

コンクリートの躯体を断熱材で覆う。躯体保護にもつながる。

67 防音・吸音材料

RC製の壁や床は防音効果が大きい

防音材料は屋外から屋内への音の侵入を防ぎ、かつ屋内から屋外へ音が漏れるのを防ぐ材料です。集合住宅の間仕切壁や床面、あるいは楽器を使用する部屋などは高い遮音性能が求められます。一般に質量が大きいものは防音効果が高いので、マンションなどは鉄筋コンクリート製の壁や床が多くなっています。また、せっこうボードに鉛シートを貼り付けた鉛遮音板が使われることもあります（図1）。

しかし、重量のある鉛遮音板などを多く使うと、建築物の重量が増加して、耐震性の観点から問題が生じます。このような場合、吸音材を入れた二重壁を用いることで遮音性を確保することができます。窓には複層ガラスを入れて、二重サッシにすれば高い遮音効果が得られます。

吸音材料は室内の音の反響を低減させ、残響時間を調整して快適な音響空間を作る材料です。音楽ホールや放送室など、音響効果の必要な部屋に使われます。吸音材料には、多孔質材料によるもの、板状の振動によるもの、膜の振動によるもの、孔あき板によるもの、成形吸音板によるものなどがあります（図2、表）。

多孔質吸音材は微細な連続気泡を含む材料であり、材料に音が入射すると微細組織中で反射しながら音エネルギーを熱エネルギーに変換するものです。高周波数音に対する吸音効果が大きく、ロックウール、グラスウール、ウレタンフォーム、カーテン、じゅうたんなどが多孔質吸音材の代表的なものになります。板状吸音材や膜状吸音材は、その裏面に空気層を設けて、音による板や膜の振動を裏面空気層に伝え、振動エネルギーを熱エネルギーに変換するものです。孔あき吸音材はボードに貫通孔を設け、裏面の空気層で吸音します。成形吸音材はボードに半貫通孔もしくは凹凸を設け、入射音の反射を多くして吸音します。

要点BOX
- 防音効果は質量が大きいものほど高い
- 二重壁を用いることで遮音性を確保できる
- 吸音材料は室内の音の反響を低減する

図1　防音材料

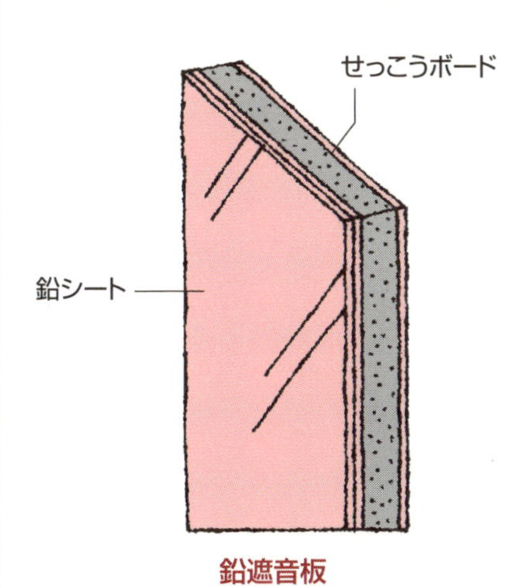

鉛遮音板

コンクリート

図2　吸音材料

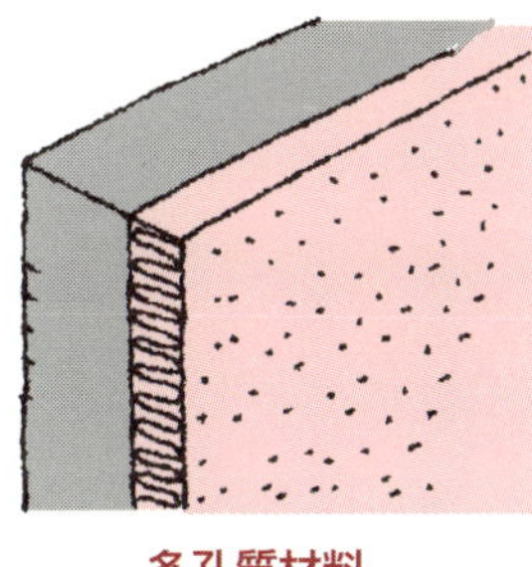

多孔質材料

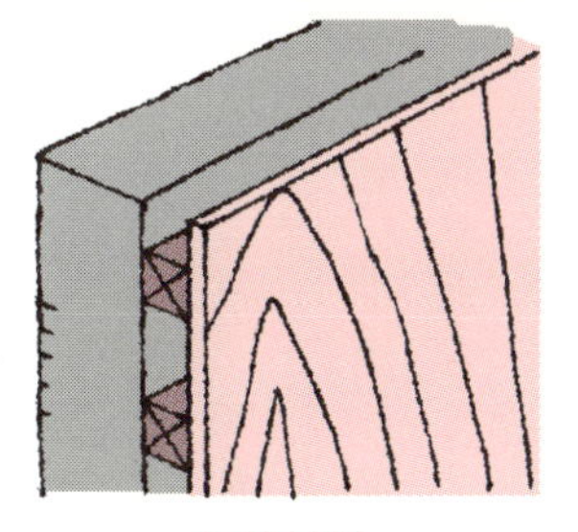

板状材料

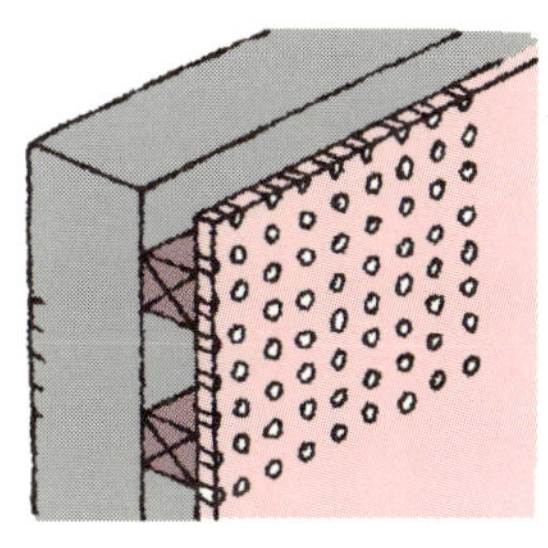

孔あき板

表　吸音材料の種類

吸音材の分類	吸音材の種類
多孔質素材	ロックウール、グラスウール、吹付けロックウール、木毛セメント板、木片セメント板、軽量コンクリート、ブロック、軟質ウレタンフォーム、ポリエチレンフォーム、織物、じゅうたん
板状材料	せっこうボード、スレート、ハードファイバーボード、合板
膜状材料	ポリ塩化ビニルシート、ポリエチレンボード、帆布カンバス
孔あき板	吸音用孔あきせっこうボード、吸音用孔あきスレートボード、吸音用孔あきハードファイバーボード、孔あき合板、孔あきケイ酸カルシウム板
成形吸音板	吸音用インシュレーションファイバーボード、ロックウール吸音ボード、グラスウール吸音ボード、ロックウール化粧吸音ボード

68 免震装置

建築物と地盤の間に設置して地震の揺れを吸収

地震力に対して、筋かいや耐力壁を設置して、地震力を受けても倒壊しないように丈夫にした構造を耐震構造と呼びます。一方、建築物と地盤の間に免震装置を設置して、地震の揺れを吸収して作用力を少なくする構造を免震構造と呼びます（図1）。免震装置にはアイソレータとダンパーがあります。アイソレータの種類は積層ゴム支承、すべり支承、転がり支承などがあり、建物を支えて地震発生時にゆっくりと移動させます（図2）。ダンパーはオイルダンパー、鋼材ダンパー、鉛ダンパーなどがあり、建物の荷重は支えませんが地震時の移動量や揺れを低減させます（図3）。

積層ゴム支承は、天然ゴムと鋼板を幾層にも重ね、外周を耐候性に優れたゴムで覆い、それらを接着により一体化させたゴム支承です。鉛直方向には硬くほとんど変形しませんが、水平方向には天然ゴムの柔らかく伸びやすい特性により積層ゴム層が変形することで、地震による激しい揺れを軽減します。ダンパーなどのエネルギー吸収装置と組み合わせることにより、設計の自由度を高めることが可能です。すべり支承は全方向に移動が可能で、引抜力に対して抵抗しません。建物から渡り廊下などのエキスパンション部まで、幅広く活用することができます。フッ素樹脂加工されたすべり面を水平方向に動くことで地震による激しい揺れを軽減します。また、建物の荷重を支持するボールベアリングがレールを転がって移動する転がり支承も使われています。

オイルダンパーは地震エネルギーを吸収します。長周期地震動によって懸念される、大きな変位と速度に対応可能なダンパーも開発されています。また、降伏点を極端に低くした低降伏点鋼材を用いて、その鋼材の延性を利用した鋼材ダンパーや、大きな変形性能を有する鉛の延性を利用した鉛ダンパーなどがあります。

要点BOX

- ●アイソレータとダンパーにより構成
- ●積層ゴム、すべり支承などが建物を支える
- ●積層ゴム支承は天然ゴムと鋼板を重ねた構造

図1　免震装置

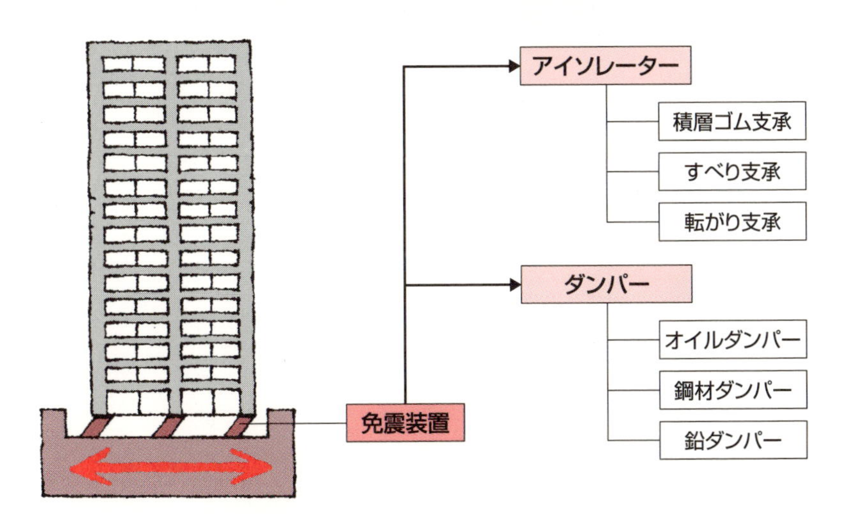

図2　アイソレーター

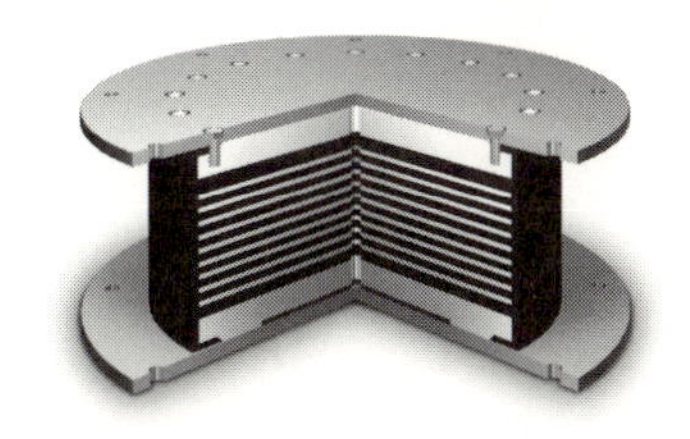

免震用積層ゴム支承

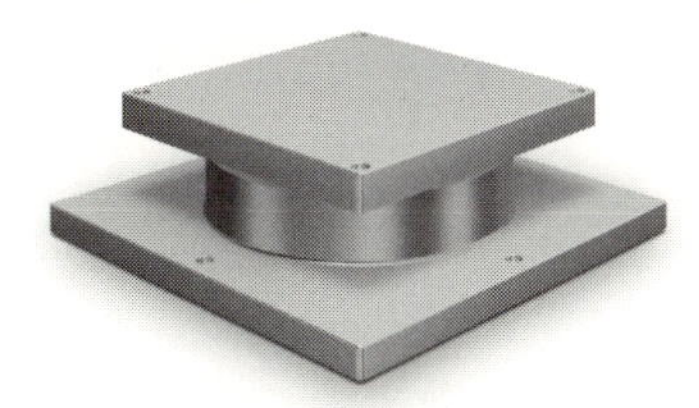

免震用すべり支承

（株式会社川金コアテック）

図3　ダンパー

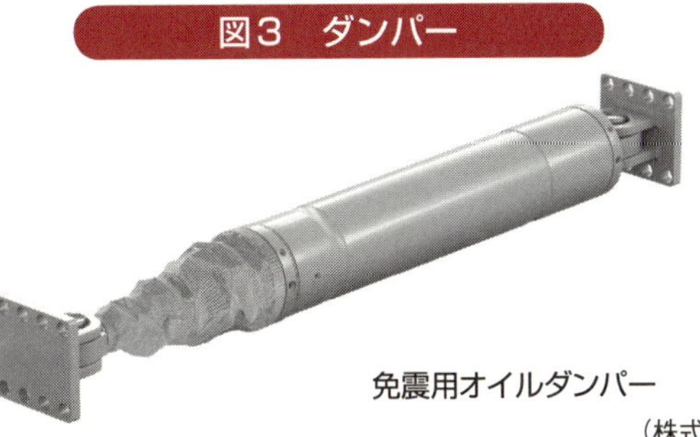

免震用オイルダンパー

（株式会社川金コアテック）

Column

土の建築

　地球上にはたくさんの建築物が存在し、使われる材料や施工方法も様々です。日本のような先進国に住んでいると、建築物の構造体と言えば、木、鉄筋コンクリート、鉄を思い浮かべると思います。一方で、世界人口の1/3が土を使った建築物に住んでいるとの統計もあり、世界的に見れば必ずしも工業的な材料や手法を使って建築物を作ることが常識とは言えない状況にあります。土を使った建築材料には、調湿性、蓄熱性、汚染物質の吸着性がある一方で、耐水性や乾燥収縮に対する抵抗性には劣る場合がありますが、建築物を建設する場所から産出した土を使うことができ、材料の製造に掛かるエネルギーを抑制することができます。また、人力によって施工されるために施工に伴う消費エネルギーも抑制することができ、極めてエコロジカルな材料と言えます。

　建築材料としての土を成因によって分類すると、土を締め固めたもの、土を塗ったもの、土を塊状に成形して固化させたものに大別できます。土を締め固める工法には版築工法があります。版築工法とは、土と固化材である消石灰などを混合した材料を道具を使って叩きながら締め固める工法のことを言います。日本では歴史的建造物の土塀(写真)や三和土などが代表的な例ですが、1800年代のドイツでは4～5階建ての建築物を版築工法で作った例もあります。土を塗ったものは土壁が代表的で、伝統的な建築物でしばしば目にする工法です。土を塊状に成形したものには日干しレンガがあります。通常のレンガは土を焼成して固化させますが、日干しレンガは型枠に入れて成形した粘土を天日で乾燥させてレンガ状とした材料で、これを積み上げて建築物を構築します。

　昨今、地球環境保護が世界的に叫ばれている中で、地球上で最も多い資源とも言える土の良さを再考してみるのも良いかもしれません。

【参考文献】

1) 「110のキーワードで学ぶ 世界で一番やさしい建築材料」area045「建築材料」編集チーム著(エクスナレッジ、2013年4月)
2) 「図説やさしい建築材料」松本進 著(学芸出版社、2007年11月)
3) 「建築材料が一番わかる」松本幸大 監修、喜入時生 著(技術評論社、2014年1月)
4) 「断熱・防湿・防音が一番わかる」柿沼整三 著、監修、遠藤智行、荻田俊輔、山口温 著(技術評論社、2013年5月)
5) 「初めて学ぶ鉄骨構造基礎知識(第三版)」橋本篤秀、岡田久志、山田丈富 著(市ヶ谷出版社、2016年12月)
6) 「仮設構造物計画の手引き」日本建築学会 編著(丸善、2009年2月)
7) 「東京スカイツリーの科学 世界一高い自立式電波塔を建てる技術」平塚桂 著、たかぎみ江イラスト(ソフトバンククリエイティブ,2012年8月)
8) 「ステンレス鋼土木構造物の設計・施工指針(案)」日本鋼構造協会 編(日本鋼構造協会、2015年11月)

索引

今日からモノ知りシリーズ
トコトンやさしい
建築材料の本

NDC 524.2

2019年10月21日　初版1刷発行

発行者　井水 治博
発行所　日刊工業新聞社
東京都中央区日本橋小網町14-1
(郵便番号103-8548)
電話　書籍編集部　03(5644)7490
販売・管理部　03(5644)7410
FAX　03(5644)7400
振替口座　00190-2-186076
URL　http://pub.nikkan.co.jp/
e-mail　info@media.nikkan.co.jp
印刷・製本　新日本印刷(株)

●DESIGN STAFF
AD――――志岐滋行
表紙イラスト――――黒崎　玄
本文イラスト――――小島サエキチ
ブック・デザイン――大山陽子
(志岐デザイン事務所)

●
落丁・乱丁本はお取り替えいたします。
2019 Printed in Japan
ISBN　978-4-526-08016-6　C3034

●定価はカバーに表示してあります。

●著者略歴

大垣 賀津雄（おおがき　かづお）
ものつくり大学技能工芸学部建設学科　教授、博士（工学）
専門：鋼構造、複合構造、橋梁工学
1961年　大阪府生まれ
1986年　大阪市立大学大学院前期博士課程修了
1986年　川崎重工業株式会社入社、鉄構事業部に配属
2000年　長岡技術科学大学より学位取得 博士（工学）
2011年　川崎重工業株式会社マーケティング本部新市場開発部長
2015年　ものつくり大学技能工芸学部建設学科教授、現在に至る

大塚 秀三（おおつか　しゅうぞう）
ものつくり大学技能工芸学部建設学科　教授、博士（工学）
専門：コンクリート工学、建築材料施工
1993年　川口通正建築研究所入所
2005年　ものつくり大学技能工芸学部建設技能工芸学科卒業
2007年　ものつくり大学技能工芸学部建設技能工芸学科助教
2013年　日本大学大学院理工学研究科博士後期課程建築学専攻 修了
2013年　ものつくり大学技能工芸学部建設学科准教授
2018年　ものつくり大学技能工芸学部建設学科教授、現在に至る